阪急沿線ディープなふしぎ発見

天野太郎・監修
Taro Amano

JIPPI Compact

実業之日本社

はじめに

阪急電鉄は、一九〇七（明治四〇）年に設立された箕面《みのお》有馬電気軌道が、一九一〇（明治四三）年三月一〇日に梅田～宝塚間、ならびに石橋～箕面間を開業したのがはじまりである。その後、ネットワークを拡大し、大阪（難波京）と京都（平安京）、さらには神戸（福原京）という古代・中世において都が置かれた三つの歴史的都市の市街地中心部を結ぶ、日本を代表する私鉄にまで発展を遂げた。

創業者の小林一三《いちぞう》は、沿線開発に力を入れ、池田室町に日本で初めての分譲住宅をつくるなど、大都市近郊の郊外住宅化の嚆矢《こうし》となる事業を推進した。さらに、起・終点駅となる宝塚駅には宝塚唱歌隊（のちの少女歌劇団、現在の宝塚歌劇団）を創設し、今日の東宝へとつながるエンターテイメント事業を確立した。

一方の梅田駅にも、鉄道駅と一体化した日本で初めての百貨店である白木屋（のちの阪急百貨店）の建設を進めるなど、鉄道を軸に沿線開発を通して乗降客数の増加と文化的発信を進めていくという多角的な事業を展開した。こうして阪急は阪神間や淀川流域の沿線地域を形成し、大阪都市圏における拠点をつなぐ重要な公共交通機関として発展。それに加え、その沿線は文化財や観光資源の宝庫であり、同時に近代日本の住宅史においても先駆的な地域であり、これからのまちづくりを考える上でも重要な意味を持っている。

本書では、そうした阪急沿線に焦点を当てて、その列車や鉄道施設に関するエピソードだけでなく、沿線における地域のあり方や、その沿線がつくられてきたプロセスを、「阪急」という視点から地理的に、そして歴史的に読み解いていこうとするものである。そのなかでは、梅田に見られるように阪急の駅を中心とした地域開発の特徴や、駅名を軸とした歴史的な地名の由来、沿線に位置する観光資源や神社・仏閣に関するエピソードなどについて、極力、地図・図像資料類も使用して紹介しながら、身近な興味、関心につながる幅広い視点から構成を行なった。「鉄道」という視点から大阪・京都・神戸をつなぐ地域を概観することができる書となっている。

さらに、駅や近隣の観光地という「点」としてのあり方だけでなく、阪急をキーワードに、沿線という「線」としてのあり方や、沿線から広がる「面」としてこうした地域を捉え、そこで展開する観光やこれからのまちづくりの問題について考えるひとつの契機としていただければ、望外の喜びである。

二〇一七年七月

天野太郎

阪急沿線ディープなふしぎ発見《目次》

第一章 知ればもっと好きになる! 阪急電鉄トリビア

01

第二章 路線に秘められた驚きミステリー

02

03

第三章 あの場所はこうして誕生した！ 沿線歴史散歩

04

第四章 一度は行きたい！ 沿線おもしろスポット

第五章 そういうことだったのか！ 駅名・地名、意外な由来

05

◎凡例　各項目見出し下には、最寄駅の駅名と阪急電鉄、大阪市営地下鉄の駅ナンバリングが示されています。アルファベットは、HK＝阪急線、K＝大阪市営地下鉄堺筋線を、数字は駅番号を表わしています。
本書の内容は、とくに明記がない場合は二〇一七（平成二九）年四月時点の情報に基づいています。

カバーデザイン・イラスト／杉本欣右
本文レイアウト／Ｌｕｓｈ！
本文図版／イクサデザイン

第一章
知ればもっと好きになる！阪急電鉄トリビア

二度も高架化された梅田駅、その歩みをたどる

宝塚本線　神戸本線
京都本線

うめだ
梅田
HK
01

　阪急梅田駅は、一〇本のホームに九本の発着線を持つ私鉄最大規模のターミナル駅である。宝塚本線、神戸本線、京都本線が乗り入れ、平日一日あたりの平均乗降客数は五四万五〇六七人（二〇一五年、阪急調べ）と、阪急全駅のなかでももっとも多い。また、近隣の阪神電鉄梅田駅、大阪市営地下鉄梅田駅、ＪＲ大阪駅と比べても、乗降客数は圧倒的だ。

　現在の梅田駅は、阪急ターミナルビルの三階にホームを持つ高架駅である。だがじつは、過去に二度、高架化されたという珍しい歴史を持つ。地上駅から高架駅となり、そしてまた地上駅に戻され、再度高架駅となったのである。高架化されたのに地上駅へと戻されたのはなぜか、また、地上駅から再度高架化されたのにはどのような事情が秘められているのか。梅田駅の誕生から現在へと至る歴史を見ていこう。

　梅田駅が誕生したのは、阪急の前身・箕面《みのお》有馬《ありま》電気《でんき》軌道《きどう》の開業と同じ一九一〇（明治四三）年三月一〇日のことである。現在地ではなく、国鉄（現・ＪＲ）大阪駅の南側、現在の阪急百貨店うめだ本店がある場所に設置された。このときは地上駅である。

当時はホームも発着線も一本だけという小規模な駅で、線路は国鉄の線路上をまたぐようにして敷かれていた。現在の阪急百貨店うめだ本店付近で方向を西に変え、国鉄東海道線と並行する形で発着していた。一九一四（大正三）年一〇月には複線のホームに拡張。一九二〇（大正九）年七月には、神戸本線の乗り入れに合わせて駅の拡張が行なわれ、四線ホームとなった。

そんな梅田駅が初めて高架化されたのは、一九二六（大正一五）年七月のことだった。梅田〜十三間の高架複々線化に伴い、梅田駅も高架駅へと改築され、高架四線ホーム（神戸本線・宝塚本線）、地上一線ホーム（北野線→89ページ）となった。このときも、阪急の線路が国鉄の線路をまたぐ形となっていた。

鉄道省の命令で高架駅から地上駅へ

ところが一九三四（昭和九）年六月、せっかく高架化された梅田駅は、完成からわずか八年にして再び地上駅へと変更されることとなる。国鉄大阪駅を高架化するためである。

当時の大阪駅は貨物駅と旅客駅とを兼ねていたが、それを分離。貨物駅を北側に移し、旅客駅としての大阪駅を高架化し、増加する旅客に対応しようとしていた。だがそれには、阪急の高架線が邪魔となる。そこで当時の鉄道省大阪鉄道局は、阪急に対して地上線にす

3. 神戸線開通

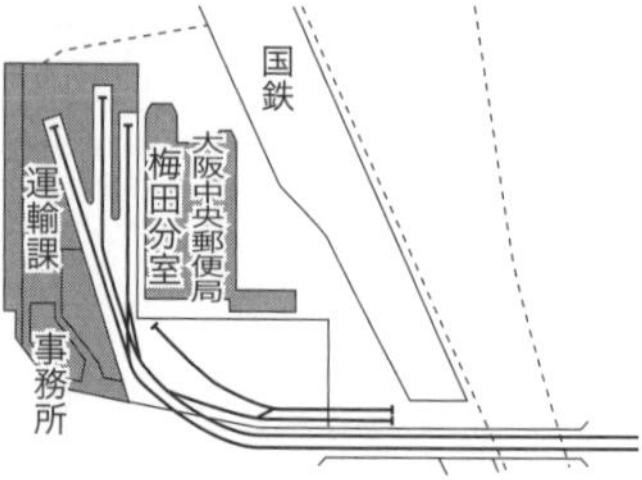

1920(大正9)年7月16日、神戸本線・梅田〜上筒井間の開業に伴い、4線ホームへと拡張される。1925(大正14)年6月1日、駅に隣接する梅田阪急ビルの2、3階で阪急マーケットの営業開始。

4. 高架化

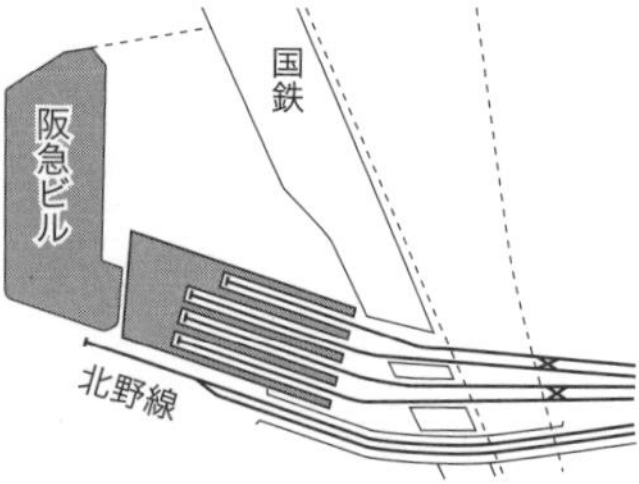

1926(大正15)年7月5日、梅田〜十三間の高架複々線工事が完了。高架駅となる。高架4線ホーム(神戸本線・宝塚本線)、地上1線ホーム(北野線)を有する。1929(昭和4)年、阪急百貨店の営業開始。

7. 国鉄の北へ移転

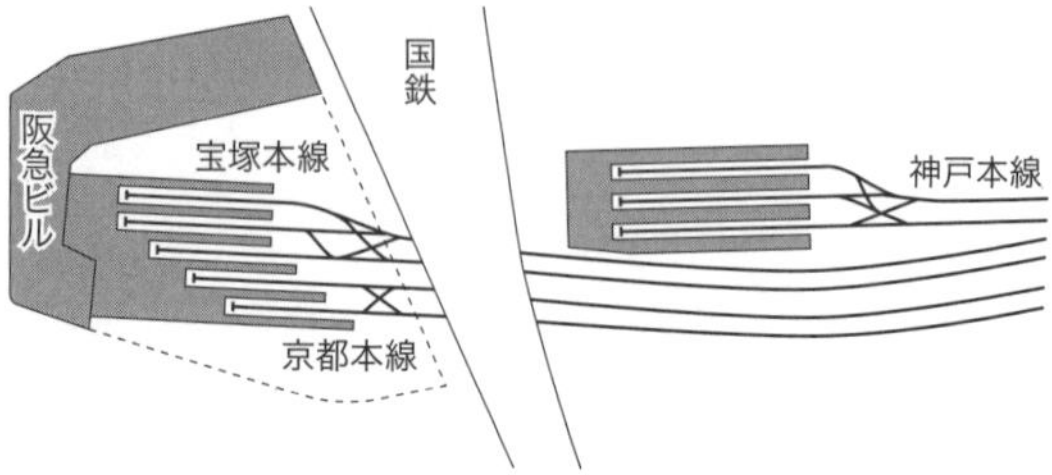

1961(昭和36)年、駅の位置を北へ200メートル移設し、地上17階地下4階のターミナルビル形式の新駅建設を計画。1967(昭和42)年に神戸本線が移設されたのを手はじめに順次ホームの移設が行なわれ、1973(昭和48)年の京都本線の移設をもって駅の工事が完了した。

梅田駅変遷の歴史

1. 開業当時

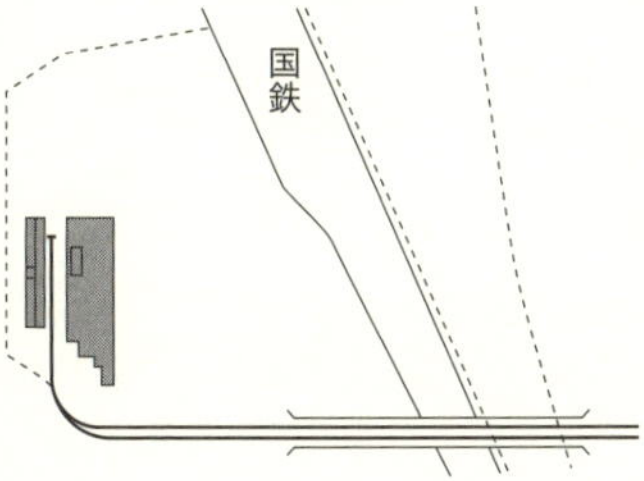

1910(明治43)年3月10日、梅田～宝塚間の開業とともに営業を開始。地平式単線ホームだった。当時は跨線橋で国鉄の線路と立体交差していた。

2. 複線ホームへ拡張

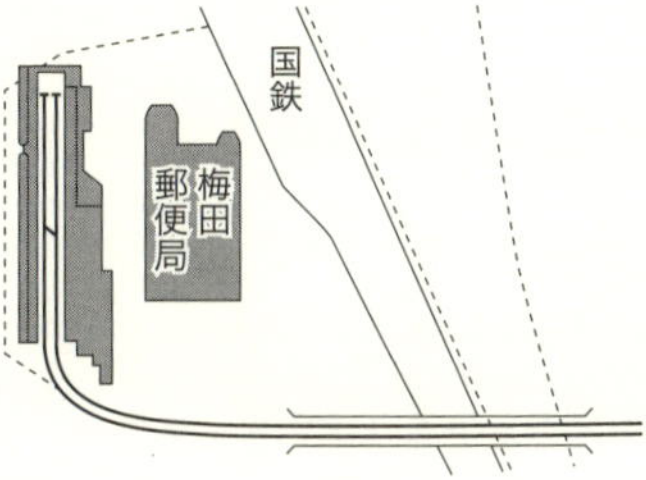

1914(大正3)年10月、複線ホームへと拡張。

5. 地上駅に改築

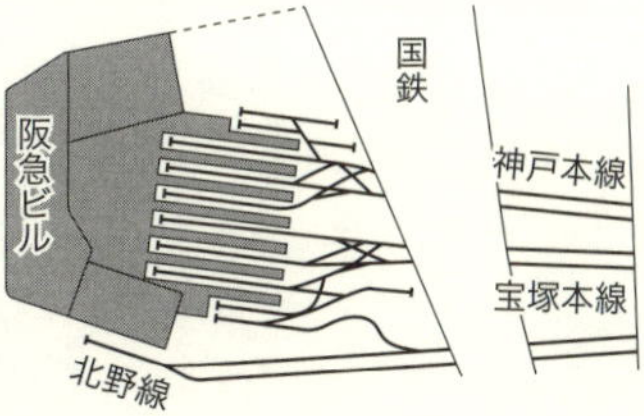

1934(昭和9)年6月1日、国鉄大阪駅の高架化に伴い、再び地上駅となる。

6. 三複線完成

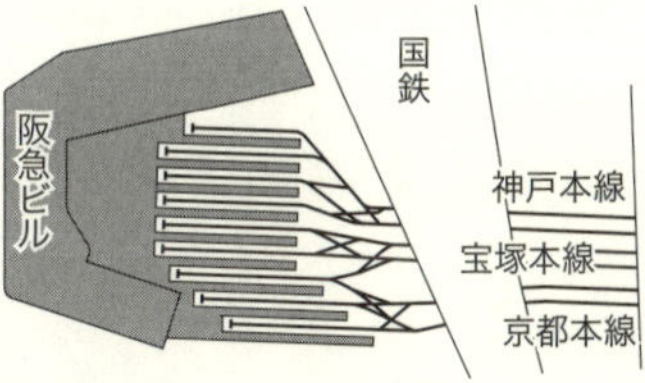

1944(昭和19)年4月8日、京都本線の乗り入れが開始される。1959(昭和34)年、三複線が完成。

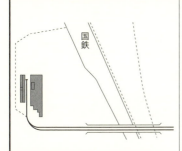

るよう通達を出したのであった。こうして阪急は、やむなく梅田駅を再び地上駅へと戻したのである。

梅田駅と大阪駅の高架切り替え工事は、鉄道ダイヤに支障をきたさぬよう、一九三四（昭和九）年五月三一日深夜から六月一日未明にかけて慌しく行なわれた。阪急、国鉄合わせて二〇〇〇人以上の従業員が駆り出され、わずか一夜にして阪急と国鉄の線路位置が入れ替わるという未曾有《みぞう》の大工事であった。このときの梅田駅は、七面六線だった。

一九四三（昭和一八）年一〇月一日に阪急が京阪電気鉄道と合併し、新京阪線（現・京都本線）が梅田駅に乗り入れるようになると、増加する旅客数に駅の機能が対応しきれなくなった。そこで一九五九（昭和三四）年二月一八日、九面八線の駅へと拡張した。

だが、駅のすぐ北側には大阪駅があり、これ以上の拡張はもはや不可能だった。こうした状況のなか、阪急は駅の移転を決意。駅の位置を大阪駅の北側に移すとともに、地上一七階、地下四階建てのターミナルビル形式の新梅田駅の建設に取り掛かったのである。

一九六七（昭和四二）年八月二七日、第一期工事が終了し、神戸本線のホームの使用が開始された。その後も順次、宝塚本線、京都本線のホームが移設され、一九七三（昭和四八）年一一月二三日、現在の梅田駅が誕生したのである。

阪急は「駅ナカ」コンビニ・そばのパイオニア！

宝塚本線　神戸本線
京都本線

じゅうそう
十三
HK 03

駅のなかにある様々な店舗、ホームに設置されているコンビニエンスストアは、ちょっと急いでいるときの買い物に重宝する。いまではそう珍しい光景ではないが、日本で初めてホーム上にコンビニエンスストアが設けられたのは一九九五（平成七）年四月二〇日のことと、意外と歴史は浅い。

それでは、日本で初めて設置されたのはいったい何駅なのか。何を隠そう、じつは十三駅なのである。

もともと、十三駅には小さな売店は置かれていた。しかし扱う商品数は少なく、駅の空いているスペースを有効に活用しているとはいえなかった。また、ホームを通過する乗降客をうまく取り込むことができていなかった。これではせっかくの商機を逃していることになる。そこで阪急が目をつけたのが、コンビニだった。

日本で初めてコンビニが登場したのは、一九七四（昭和四九）年のことである（諸説あり）。交通面で便利な場所にあることに加え、いつでも気軽に様々な商品を購入できると

十三駅２・３号線ホームに設置されたアズナス。阪急の直営コンビニ第１号店である。営業時間は６：３０～２３：３０で、通勤時、帰宅時にも気軽に利用できる。

いう利便性を武器に、コンビニは瞬く間に店舗数を拡大していった。

コンビニを駅のホームに置けば、きっとこれまで駅の外で買い物していた客を獲得できるにちがいない――。そう分析した阪急は、一九九四（平成六）年、株式会社阪急リテールコミュニケーションズ（現・エキ・リテール・サービス阪急阪神）を立ち上げると、駅ナカにおける直営コンビニの経営に乗り出したのであった。

こうして十三駅のホームに設置されたコンビニは、「お客様の要望にすぐにお応えする」という意味を込めて、「アズナス」と命名された。英語の「as soon as（～したらすぐに）」という熟語が由来となっている。また、乗り換えの時間待ちの間に快適に買い物をしてもらうため、店内からホームの様子がよく見えるような工夫が施された。

阪急のもくろみどおり、アズナス一号店は大成功を収める。これを受けて一九九五（平成七）年一一月には逆瀬川《さかせがわ》駅改札外に二号店がオープン。その後も神戸三宮駅、梅田駅と次々とチェーン展開が進められていった。

一方、二〇〇一（平成一三）年一一月には、アズナスよりも品数を抑えたミニコンビニ「アズナスエクスプレス」が宝塚駅にオープン。アズナスの新業態として少しずつ店舗数を拡大しつつある。

変り種メニューで話題の駅そば

駅構内で営業している立ち食いそば屋は、忙しいビジネスパーソンの味方である。何しろ「早くて安い」。乗り換えの待ち時間や、あまり時間に余裕がないときなどの食事として重宝する。

関西の私鉄で駅ナカにおける立ち食いそば屋を最初にオープンさせたのは、ほかでもない阪急である。一九六七（昭和四二）年、十三駅のホームで開業した。当時は、すばやく食べられて電車に乗り遅れることがないよう、出汁《だし》の温度にこだわりがあったという。現在も一号店は「阪急そば若菜」として十三駅構内で営業を続けているが、店内にはイスが

阪急そばでは、十割そばや天然素材にこだわった手づくりの出汁など本格的なそば・うどんを提供している。写真はポテそば。アンバランスな組み合わせが話題を集め、人気メニューのひとつとなった。

設置され、ゆっくりと食事をすることができるようになっている。

近年は、一風変わったメニューを提供することで話題を集めた。かけそばの上にフライドポテトを乗せる「ポテそば」（そばとポテトは別々に提供。写真参照）や、冷たくしめたそばの上にかき氷を山盛りに乗せた「かき氷そば」などである。阪急阪神レストランズによると、若年層の客の需要を掘り起こすために、このようなメニューを考えたということである。たしかに、実際に店内に入ってみると、変り種メニューを注文しているのは若者がほとんど。阪急阪神レストランズのもくろみは成功したといえるだろう。今度はどんなメニューが登場するか、それを楽しみに待ちたい。

世界に誇る宝塚歌劇団、じつは阪急の一部門！

阪急電鉄

二〇一四（平成二六）年に記念すべき一〇〇周年を迎えた宝塚歌劇団。二〇一六（平成二八）年には、年間観客動員数約二七三万人と、過去最高の数字を記録した。いまや、日本を代表する一大エンターテイメントである。

そんな宝塚歌劇団であるが、そのような名称を持つ会社は存在せず、じつは阪急電鉄の一部門であることはあまり知られていない。阪急電鉄の創遊事業本部の直轄事業であり、それゆえに劇団員も阪急電鉄の社員なのである。

宝塚歌劇団の歴史は、一九一三（大正二）年に結成された宝塚唱歌隊にはじまる。

一九一〇（明治四三）年三月一〇日、現在の宝塚本線の前身である箕面有馬電気軌道梅田〜宝塚間が開通する。しかし、当時の宝塚は武庫川畔《むこがわはん》の一寒村であり、駅の対岸にわずかに温泉宿が存在しているに過ぎなかった。

これでは、鉄道の集客には結びつかない。そこで阪急の創業者・小林一三《いちぞう》は宝塚を一大観光地に仕立て上げるべく、一九一一（明治四四）年五月一日、宝塚新温泉を開業させた。

大理石造の大浴場に婦人専用の化粧室・休憩所を備えた、当時としては画期的な温泉施設だった。

さらに一九一二（大正元）年七月一日には、日本初の施設となる最新式の室内水泳場など様々な娯楽施設を備えた宝塚新温泉パラダイスを宝塚新温泉に併設して開業した。

しかし、当時は男女が同じプールで泳ぐことなど許されない時代であり、また水温が低過ぎたために思ったよりも人を集めることができず、水泳場はわずか一年余で閉鎖に追い込まれた。

はたして、いったいどうすれば人を呼び寄せることができるのか。悩みに悩んだ末、小林が起死回生の策として考え出したのが、少女の唱歌隊を編成して売り出すことだった。当時、大阪の三越呉服店で行なわれていた少年音楽隊のイベントが人気を呼んでいたことにヒントを得た形である。

ただ小林は、これを単なる余興のひとつに終わらせるつもりではなかった。本格的な歌唱力と演技力を兼ね備えたプロ集団へと育て上げようとしたのである。

一九一三（大正二）年七月一日、宝塚唱歌隊の第一期生として一六名を採用すると、小林は東京音楽学校出身の音楽家を招聘《しょうへい》し、彼女たちに本格的な歌唱レッスンを受けさせた。

同年一二月、宝塚唱歌隊は「宝塚少女歌劇養成会」と改称。そして一九一四（大正三）

宝塚歌劇の聖地・宝塚大劇場。２５５０席の劇場のほか、制作場、稽古場なども併設されている。劇場内のショップでは、劇場限定オリジナルグッズやお菓子などを購入できる。

１９１４(大正３)年４月１日、パラダイス劇場で行なわれた第１回公演『ドンブラコ(桃太郎昔話)』。日本で初めての少女歌劇(オペラ)であり、ここからいまに続く宝塚歌劇団の歴史がはじまった。

年四月一日、室内水泳場を改装してつくられた五〇〇人収容のパラダイス劇場で、記念すべき初公演が催されたのである。プログラムは、歌劇『ドンブラコ』、喜歌劇『浮《うか》れ達磨《だるま》』、ダンス『胡蝶《こちょう》』だった。

宝塚少女歌劇養成会のステージは大人気を博し、劇場は連日満員という大盛況となった。すっかり人気者となった彼女たちは宝塚新温泉を飛び出し、大阪の劇場、さらには東京の帝国劇場でも公演を行なうまでになった。

この成功を受け、一九一九（大正八）年一月、宝塚少女歌劇養成会を解散し、劇団員を組織的に養成するための「宝塚音楽歌劇学校」が創立された。現在の「宝塚音楽学校」の前身である。初代校長には小林が就任。そして学校の生徒と卒業生とで、宝塚少女歌劇団が組織されていったのである。一九二四（大正一三）年には宝塚歌劇の聖地・宝塚大劇場がオープン。さらに一九三四（昭和九）年には、東京・有楽町に第二の拠点である東京宝塚劇場がオープンした。一九四〇（昭和一五）年一〇月、宝塚少女歌劇団は「宝塚歌劇団」と改称され、いまに至る。

トップスターの条件とは？

宝塚歌劇団は、「花」「月」「雪」「星」「宙《そら》」の五組と専科で構成されており、各組にはそれぞれ約八〇人のタカラジェンヌと呼ばれる演者が所属している。その頂点に立つのがトップスターで、以下、娘役のトップ、スター、組長、副組長と序列が続く。

タカラジェンヌになるには、宝塚音楽学校を卒業しなければならない。つまり宝塚音楽学校に入学できなければ、その道を歩むことは許されないのである。当然、入学希望者は多く、毎年、二〇倍超の競争率となっている。

卒業後は、全員が各組のいずれかに配属され、宝塚歌劇の舞台に立つことができる。しかし、トップスターにまでのぼり詰めることができるのはごく限られた人数のみだ。

どうすればトップスターになることができるのか。

容姿端麗であることは言うまでもない。そもそも、これは宝塚音楽学校の入学条件である。また、歌やダンス、演技といったスキルを持っていることも大切な要件だ。

ただ、技能が優れているだけではトップスターになることはできない。それに加え、観客を魅了する「スター性」、組を一枚岩にまとめ、組員から尊敬される「人徳」が求められる。

実際、現在の花組のトップスター・明日海《あすみ》りおは、入団時の成績が四九人中八番だったが、二〇一四（平成二六）年五月、入団一二年目にして、ついに頂点へとのぼり詰めたのである。

阪急電鉄

東宝と宝塚歌劇団、その意外な接点

日本映画製作者連盟によると、二〇一六（平成二八）年度の映画興行収入は二三五五億八〇〇万円、過去一七年間で最高の数字を記録したという。そのなかでも、とくにヒット作を輩出した映画配給会社が、東宝《とうほう》である。

社会現象ともいえる大ヒットを記録した長編アニメーション『君の名は。』（興行収入二三五・六億円）を筆頭に、『シン・ゴジラ』（興行収入八二・五億円）、『名探偵コナン　純黒の悪夢』（興行収入六三・三億円）、『映画妖怪ウォッチ　エンマ大王と5つの物語だニャン！』（興行収入五五・三億円）など、二〇一六年度興行収入上位一〇作品のうち、じつに八作品を占めているのだ。東宝としても、二〇一六年度は年間興行収入八五四億円と、歴代最高の数字を記録している。

このように、日本映画界を牽引《けんいん》するといっても過言ではない東宝であるが、じつはこの会社をつくり上げたのも、何を隠そう小林一三である。意外かもしれないが、その原点は「宝塚歌劇団」にある。

1934(昭和9)年1月1日にオープンした東京宝塚劇場。宝塚大劇場が阪急電鉄の所有であるのに対して、こちらは東宝の所有となっている。公演を主催するのは阪急電鉄である。

東宝の誕生と発展

宝塚の地で宝塚歌劇団を結成し、その常設の舞台として宝塚大劇場をつくった小林は、「国民劇の創造」という宿願を達成すべく、早くから東京進出の機会をうかがっていた。

「東京に大劇場をつくって、安く、面白く、家庭本位に、清い、朗らかな演劇をご覧に入れたい」

そうした意図のもと、一九三二(昭和七)年八月、小林を初代社長とする株式会社東京宝塚劇場を創立。そして一九三四(昭和九)年一月一日、東京・有楽町の地に、定員二八一〇名の東京宝塚劇場を開いたのであった。

その後の東京宝塚劇場の動きにはすさまじいものがあった。同年二月に洋画ロードショー劇場として日比谷映画劇場を建設すると、一九三五（昭和一〇）年一二月に日本映画株式会社（日劇）を、一九三七（昭和一二）年一二月に演劇界の名門・帝国劇場株式会社を吸収合併して傘下に収めたのである。

東京宝塚劇場や日比谷映画劇場の建設にあたっては、わざわざ日比谷や銀座の交通量、近隣駅の乗降客数などを詳細に調べるとともに、同地域のほかの興行施設の売り上げなども調べ、これであればまちがいなく成功を収められるという確信を得てから計画に取り掛かったといわれる。

そのほか、東京宝塚劇場は全国各地でも劇場の建設を進め、一九三八（昭和一三）年の時点で、系列劇場は二七劇場にも達した。

一方、一九三七（昭和一二）年には、小林が相談役に就任していた映画の撮影・自主制作会社「写真化学研究所」「ピー・シー・エル映画製作所」、京都の映画会社「ゼー・オー・スタジオ」、前記三社の共同出資によって誕生した映画配給会社「東宝映画配給」の四社が合併し、「東宝映画株式会社」が設立された。「東宝」とは、「東京宝塚」の略称である。そして一九四三（昭和一八）年一二月、東京宝塚劇場と東宝映画が合併し、現在の「東宝株式会社」が誕生したのであった。映画の制作から配給、さらには演劇の興行までをも手掛ける一大興行会社であり、初代社長にはゼー・オー・スタジオを設立した大澤善夫が就任した。

しかし戦後、大規模な労働争議の影響で東宝の業績は悪化してしまう。一時は不振に陥るも、一九五一（昭和二六）年、経営再建を図るべく、小林が社長に就任、映画制作では黒澤明監督作品『生きる』や、特撮怪獣映画『ゴジラ』など数々の名作を世に送り出すとともに、演劇では東京宝塚劇場における宝塚歌劇団の公演などヒット作品を次々と上演し、見事経営の立て直しに成功した。

その後も東宝は精力的に事業を展開。一九八〇（昭和五五）年には梅田東宝会館と阪急航空ビルの跡地に、ロードショー劇場三館を備えたナビオ阪急（現・阪急メンズ大阪）をオープン。一九八四（昭和五九）年には、阪急百貨店と西武百貨店が入居する東京・有楽町の有楽町マリオンに、日本劇場、日劇東宝、日劇プラザという三劇場をオープンさせた。

一九九〇年代に入り、アメリカを発祥とするシネマコンプレックス（通称・シネコン。ひとつの施設に複数の劇場・スクリーンを持つ映画館のこと）が日本でつくられるようになると、東宝も積極的にシネコンを展開。二〇〇三（平成一五）年には、ヴァージン・シネマズ・ジャパンを買収し、TOHOシネマズと改称した。いまでは日本最大級の規模を誇るまでに発展を遂げている。

阪急電鉄

「ビジネスホテル」のアイデアを考案したのは小林一三！

阪急阪神ホールディングスの数あるグループ会社のなかで、阪急電鉄とともに中核を担うのが、阪急阪神ホテルズ（阪急阪神第一ホテルグループ）である。

阪急のホテル事業の歴史は、一九二六（大正一五）年五月一四日開業の宝塚ホテルにはじまる。

当時、箕面有馬電気軌道は宝塚駅周辺を一大エンターテイメントの地とすることで、鉄道の利用客増加に結びつけようとしていた。そこで宝塚新温泉、宝塚大劇場などを次々と建設（19ページ）。これにより宝塚は連日数万人もの人々が足を運ぶ大観光地へと発展を遂げたが、観光客のための宿泊施設が不足していた。

そのような状況下、もともとホテル経営に強い関心を抱いていた小林一三が地元の事業家・平塚嘉右衛門と共同出資で建設したのが、宝塚ホテルである。鉄筋六階建て、エレベーター、暖房設備、温泉浴場、宴会場、バーなどを備えた当時としては革新的なホテルだった。

こうして阪急の事業にホテル経営という新たな軸が加わったわけであるが、小林の脳裏には、早くから東京におけるホテル経営構想の絵が描かれていた。都心の交通の便がよい場所に、会社員が平均的な出張旅費の範囲で快適に宿泊できるホテルをつくる——これは、東京にあるホテル・旅館の宿泊費、さらには会社員の出張の日当・宿泊費などを調査し、また欧米視察旅行で現地の一流ホテルをつぶさに見て回った末に生まれたアイデアだった。

第一ホテル東京。開業にあたっては小林一三のアイデアが採用され、ビジネスホテルの先駆け的存在となった。

それが具現化したのは、小林が東京電燈《でんとう》（現・東京電力）の社長を兼任していた昭和初頭のことだった。当時、東京電燈の役員に名を連ねていた味の素の社長から新橋でホテルを経営したいという相談を持ちかけられた小林は、惜しみなく自身のアイデアを提供した。そうして一九三八（昭和一三）年四月二九日に誕生したのが、第一ホテル（現・第一ホテル東京）だった。客室数は六二六室。これは当時、東洋最大の規模だった。また、会社員が気軽に利用できるよう、バスなし二円五〇銭、バスつき三円五〇銭と、料金は安価に設定された。「ビジネスホテル」という存在はいまでこそ珍しいものではないが、その草分け的存在となったのが、この第一ホテルだったのである。

その後、第一ホテルは国内外に三二のホテルを擁する日本有数のホテルチェーンにまで成長を遂げるも、徐々に経営は下降線をたどり、二〇〇〇（平成一二）年五月二六日、会社更生法を適用するにいたった。阪急はその再建にあたってスポンサーとなり、二〇〇一（平成一三）年一二月一四日、更正債権全額の弁済を完了。二〇〇二（平成一四）年四月一日、第一阪急ホテルズが発足し、第一ホテルは阪急電鉄グループの新たなホテルとして再スタートを切ったのであった。

小林の「ビジネスホテル」構想を完全具現化した「新阪急ホテル」

小林の「ビジネスホテル」構想を阪急が経営するホテルとして具現化したのが、一九六四（昭和三九）年八月、梅田駅近くに開業した新阪急ホテルだった。一流ホテルの設備と比べても遜色なく、しかも安価で宿泊できる第一ホテルのようなホテルを大阪でも実現で

梅田の新阪急ホテル。開業にあたり、スタッフは阪急電鉄の社員から選抜され、第一ホテルで実務研修が行なわれた。

きないかと考えたのである。

少しでも宿泊料金を抑えるため、ホテルの清掃業務や客室業務などは外部業者に委託。当時は客室数に対して一・二倍の従業員を雇うのが通例であったが、新阪急ホテルでは客室数六二三室に対して従業員数五八〇人と人員の効率化が図られた。また、ルームサービスも廃止された。当時のホテル業界にあって、このような取り組みはじつに画期的なものであった。

一方、地下食堂では、世界各国三〇種類の料理を好きなだけ食べられるバイキングスタイルが導入され、宿泊者のための便宜が図られた。

こうして梅田に誕生した「ビジネスマンが気軽に泊まれる低料金のホテル」は、ビジネスマンから好評をもって迎えられた。そして一九六九（昭和四四）年には新館東棟、一九七〇（昭和四五）年には新館西棟が増築され、総客室数一〇二九室という西日本最大級のホテルにまで発展を遂げたのであった。

その後、新阪急ホテルは事業の拡大を図るため、一九八〇年代から新規ホテルの展開に乗り出す。一九八一（昭和五六）年には国鉄（現・ＪＲ）京都駅前に京都新阪急ホテル、一九八五（昭和六〇）年には新阪急ホテルの北側に新阪急ホテルアネックス、高知県高知市街地の中心部に高知新阪急ホテル（現・ザクラウンパレス新阪急高知）を開業させた。そして一九九四（平成六）年、東京・築地に東京新阪急ホテル築地（現・銀座クレストン）を開業し、東京進出を達成。次々とその勢力を拡大していった。

当時、阪急グループのホテル事業は第一阪急ホテルズと新阪急ホテルという二本柱が中核を担っていたが、バブル経済の崩壊後、ホテルの経営状況は著しく悪化した。大都市におけるホテルの競争も厳しくなるなか、阪急はホテルの一括的な運営による経営の効率化を図るべく、ホテルグループの再編成に取り掛かる。二〇〇四（平成一六）年四月一日には新阪急ホテルを完全子会社化。同年六月一日、新阪急ホテルと第一阪急ホテルズの親会社となる新会社「阪急ホテルマネジメント」を発足させた。

その後、二〇〇六（平成一八）年一〇月一日、阪急と阪神電鉄が経営統合し、阪急阪神

宝塚ホテル。大正時代以来の伝統を持つ歴史あるホテルだが、残念ながら解体されることとなった。内装の一部は新ホテルで再利用されるという。

ホールディングスが誕生すると、阪神のホテルチェーンがグループに加わることとなり、阪急阪神第一ホテルグループが発足した。

こうして現在、第一ホテル東京や宝塚ホテルなど一九の直営ホテルに加え、二九のグループホテルを擁する日本有数のホテルグループが誕生したのであった。

なお、宝塚ホテルは建物の老朽化が著しく、現行の耐震基準を満たしていないことから、宝塚大劇場の西隣の敷地に新築・移転される予定となっている。開業は二〇二〇（平成三二）年春を予定。現在のホテルは新ホテルが完成するまで営業を続けるが、その後は解体され、住宅用地となる計画が立てられている。

阪急電鉄が首都圏に進出するそのナットクの理由！

阪急電鉄

鉄道事業を主体とし、沿線に住宅街や商業施設、娯楽施設などを開発、経営し、全体の相乗効果で収益を上げるという手法は、阪急電鉄の創業者・小林一三が築いたビジネスモデルであるということはよく知られている。たとえば一九一〇（明治四三）年には、池田《いけだ》室町《むろまち》で日本初となる分譲住宅の開発、販売を開始。一九一一（明治四四）年には宝塚駅に宝塚新温泉を開業し、一九一四（大正三）年から宝塚唱歌隊（のちの宝塚歌劇団）の公演を行なうようになった。さらに一九二九（昭和四）年には、梅田駅に世界初のターミナルデパート・阪急百貨店を開業した。これによって阪急は、郊外から都心、都心から郊外への鉄道の利用客を増やし、着実に運輸収入を上げてきた。鉄道会社の常套《じょうとう》手段といえるビジネスモデルであるが、ほかの私鉄各社が自社路線を中心とした周縁部にとどまっているのに対して、阪急の場合は積極的に首都圏エリアへの進出を図っている点が特筆される。

たとえば阪急百貨店が初めて首都圏への進出を果たしたのは、一九五三（昭和二八）年一一月のことだった。国鉄（現・ＪＲ）大井町《おおいまち》駅前に阪急百貨店東京大井店（現・阪急百

有楽町マリオン。旧日劇ビル、旧朝日新聞本社ビルの跡地に、東宝が朝日新聞社、松竹と共同で建設した。阪急はそのうち東宝棟に「有楽町阪急（現・阪急MEN'S TOKYO）を開業した。

貨店大井食品館）を開店したのである。戦後、関西系の百貨店としては初となる東京進出だった。一九五六（昭和三一）年五月には、銀座の中心地に数寄屋橋《すきやばし》阪急（二〇〇四年にショッピングセンター・モザイク銀座阪急としてリニューアル。二〇一二年に営業終了）をオープン。さらに一九八四（昭和五九）年一〇月には、有楽町マリオンに有楽町阪急を開業した。有楽町阪急は二〇一一（平成二三）年、メンズ専門館「阪急MEN'S TOKYO」としてリニューアルオープンしている。

　関西の私鉄系の百貨店としては、一九七四（昭和四九）年、JR吉祥寺《きちじょうじ》駅前に出店した近鉄百貨店の例があるが、二〇〇一（平成一三）年に閉店。現在も東京で営業を続けている関西の私鉄系百貨店は阪急百貨店のみだ。

また、宝塚新温泉で産声を上げた宝塚歌劇団も、すでに一九一八（大正七）年、帝国劇場で公演を行ない、東京進出を果たしている。一九三四（昭和九）年には、東京における常設公演場として、有楽町に東京宝塚劇場がつくられた。

阪急のさらなる発展のために

いったいなぜ阪急は、関西エリアを飛び出して首都圏市場の開発に力を入れているのか。その背景には、関西エリアの人口減少がある。関西エリアのみで営業を続けていてはいずれ事業は先細りしていく。阪急のいま以上の発展のためには、地元エリアに加えて首都圏市場にも積極的に投資していく必要があると考えたのである。

二〇一五（平成二七）年四月には、阪急電鉄の不動産事業本部に首都圏事業部が発足。三菱地所が中心となって手掛けるJR四ツ谷駅前の大型再開発事業に参画したり（二〇一九年度竣工予定）、オンワードホールディングスから銀座三丁目の商業ビルを購入し、商業テナントビルを経営予定だったりと、首都圏市場の開発にさらに力を入れていく構えだ。

将来的には、東京都千代田区、港区、中央区、渋谷区、新宿区内に自社ビルを保有することを目標としている。

京都本線のホームがない！とにかく狭すぎる中津駅の謎

宝塚本線　神戸本線

なかつ
中津
HK 02

梅田～十三間は、宝塚本線、神戸本線、京都本線の複線が並行して走る区間となっている。三路線の電車が同時に発車する姿を楽しみにする人も少なくないだろう。

三複線区間の中間点に位置するのが、中津駅である。島式二面四線という小さな高架駅だ。

梅田駅からわずか九〇〇メートルほどのところにあるため、駅のホームから梅田スカイビルやアプローズタワーなど梅田周辺の景色を見晴るかすことができる。

駅の開業は、一九二五（大正一四）年一一月四日にまでさかのぼる。神戸本線の開業から五年後のことである。

かつては、駅近くに阪神電鉄北大阪線（野田～天神橋筋六丁目）の中津駅があったため、乗り換え駅として大いに賑わいを見せていたという。しかし北大阪線は一九七五（昭和五〇）年に廃止されたため、現在、おもに駅を利用するのは、駅近辺に所在する会社や工場などへの通勤客にとどまっている。

ただ、毎年八月に開催される「なにわ淀川花火大会」の日には、会場の最寄り駅ということもあって、大勢の人が詰め掛ける。

中津駅に京都本線のホームがつくられなかったワケ

中津駅といえば、ホーム幅が極端に狭いことで知られている。実際にホームに立ってみると、その狭さをまざまざと実感することができる。上りと下りの電車が同時にホームに入ってくるときは、電車の車体に触れてしまわないか怖いくらいである。ホームの幅が狭過ぎるため、ほかの駅で見ることができる整列乗車のための乗車位置ステッカーや掲示はなされていないほどだ。

そんな中津駅は梅田〜十三間の中間駅であるものの、停車するのは宝塚本線と神戸本線の普通列車のみ。京都本線のホームはなく、列車は通過する形となっている。

なぜ京都本線のホームがないのか。それは、もともと京都本線が阪急ではなく京阪電気鉄道の子会社・新京阪鉄道が敷設した路線だったためである。

淀川右岸経由で大阪〜京都間に鉄道を敷設するという目的のもと、新京阪鉄道が誕生したのは一九二二（大正一一）年六月のことである。その翌年に北大阪電気鉄道から十三〜千里山間の鉄道路線を譲り受けると、これを端緒に次々と路線を延伸。一九二八（昭和

京都本線のホームを持たない中津駅

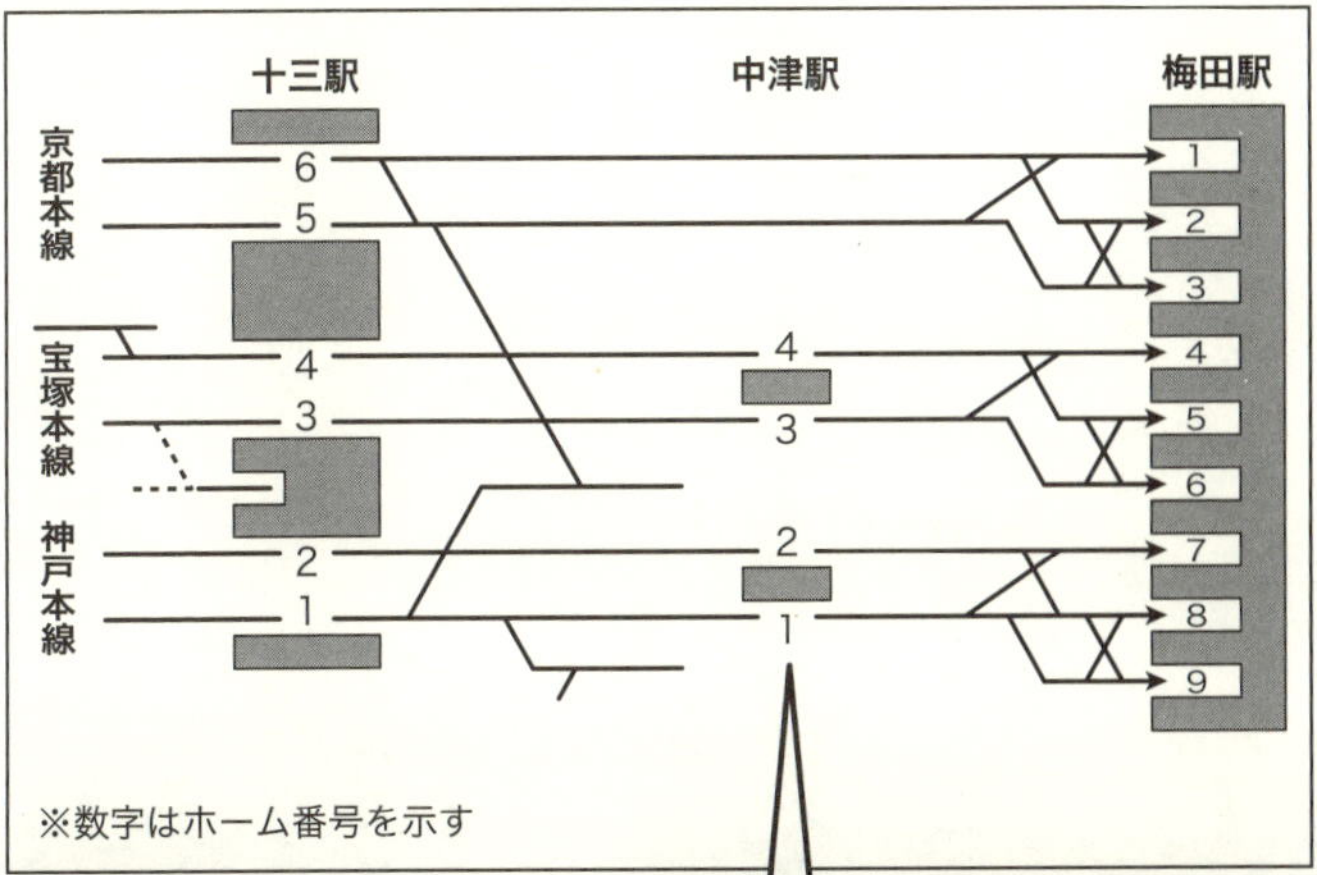

中津駅の開業は、1925(大正14)年11月4日のこと。このとき、神戸本線と宝塚本線のホームが設置された。戦後、京都本線が阪急の路線となり、1959(昭和34)年2月18日に梅田〜十三間は三複線化されたが、敷地が狭かったため、中津駅のホームを増設することはできなかった。

三）年には京都西院（現・西院）までを開業させた。一九三〇（昭和五）年、新京阪鉄道は京阪電鉄に吸収合併され、一九三一（昭和六）年、京阪電鉄のもと、京都西院〜京阪京都（現・大宮）間が開業された。

その後、戦時中の国策により、阪急と京阪は合併することとなる。ただ、路線同士のつながりに欠けていたため、一九四四（昭和一九）年、十三駅から宝塚本線を通じて、新京阪線の電車が梅田駅に乗り入れるようにされた。

戦後、両社は分離、独立することとなった。このとき新京阪線は阪急の路線となり、阪急京都本線となる。

しかし、昭和三〇年代からの高度経済成長に伴って沿線人口が急増すると、当時の輸送力では対応しきれなくなってしまった。そこで梅田〜十三間に京都本線の専用軌道を新たに増設することとし、宝塚本線と京都本線を分離することにしたのである

こうして一九五九（昭和三四）年二月一八日に梅田〜十三間の三複線工事が竣工したのであるが、このとき、中津駅はもともと狭い敷地につくられていたため、京都本線のホームを新たに増設する余地がなかった。そのため、現在も京都本線の電車が中津駅に停車することはないのである。

山本駅の駅名標にのみ見られるあるものって？

宝塚本線
やまもと
山本（平井）
HK 52

宝塚本線・山本駅周辺の山本地区は、園芸の町として知られる。その歴史は江戸時代中期にまでさかのぼり、いまでは日本三大植木産地のひとつに数えられるまでに発展を遂げている（ほかの二つは、埼玉県川口《かわぐち》市安行《あんぎょう》と福岡県久留米《くるめ》市田主丸《たぬしまる》）。また、駅の周辺には阪急が開発した宝塚山手台住宅などの住宅街が広がっている。

そんな山本駅のホームでは、阪急のほかの駅にはない珍しいものを見ることができる。平井という地名が併記された駅名標だ。「宝塚（宝塚大劇場前）」や「西宮北口（阪急西宮ガーデンズ前）」のように、最寄りのスポットを副駅名として採用している駅はいくつか見られるが、地名が併記された駅は阪急全駅のなかで山本駅だけなのである。

いったいなぜ、山本駅に「平井」という副駅名がつけられることになったのだろうか。

山本駅は、一九一〇（明治四三）年三月一〇日、宝塚本線の開業と同時に開設された。ただ、場所は現在地ではなく、いまよりも四〇〇メートルほど西の山本地区に位置していた。同年一〇月二三日、平井地区に平井駅が開業する。しかし、両駅は八〇〇メートルほ

山本駅の駅名標には、「平井」という地名が併記されている。

どしか離れていなかったため、一九四四（昭和一九）年に統合。新駅は両駅の中間点よりも約三〇メートル平井寄りに設置された。

駅の所在地は平井であったが、駅名に採用されたのは園芸の町として世間に知られていた山本だった。

この阪急の決定に対して、平井地区の人々が立ち上がる。なんとか平井という地名を駅名に残してくれるよう、阪急に要請したのである。たしかに、所在地が平井であるにもかかわらず、隣地区の山本の名のみを冠するのは利用者にとってはわかりにくい。そこで阪急は、平井という地名を山本駅の副駅名として採用することにしたのであった。

箕面駅のホームが大きくカーブを描いているワケ

箕面線

みのお

箕 面

HK 59

宝塚本線の支線のひとつ・箕面線の終着駅である箕面駅は、一九一〇（明治四三）年三月一〇日、阪急の前身・箕面有馬電気軌道の開業と同時に開設された駅である。

古来、箕面は行楽地として人気のあるエリアであり、すでに平安時代には、箕面の滝と渓谷が織り成す絶景が歌に詠まれていたようだ。江戸時代には、それに加えてモミジの名所としても知られるようになり、多くの人が同地を訪れた。一八九八（明治三一）年には、箕面公園が誕生している。そんな行楽地であったからこそ、箕面有馬電気軌道は当初、梅田～箕面～有馬間を一本の路線でつなぐという大構想を練っていた。しかし豊中～箕面間の路線予定地の確保がうまくいかず、結局、箕面駅は石橋から支線を延ばす形で設置せざるを得ず、現在に至る。

ラケット状のループ線で折り返ししていた！

箕面駅のホームに降り立った際、ホームがなぜか「く」の字型に曲がっていることがわかる。なぜまっすぐに設置されなかったのか、疑問を抱いたことがある人も多いだろう。

じつはこれは、かつてのループ線の名残なのである。開業当初、箕面駅構内にはラケット状のループ線が敷かれていた（45ページ上図参照）。箕面有馬電気軌道の唱歌の歌詞にも「ラケット形の終点に止る電車をあとにして行くや公園一の橋渡る渓間の水清く」とある。

駅に入線した列車は、まず降車場で旅客を降ろす。そして現在の駅前広場を半周して乗車場で旅客を乗せ、そのまま石橋方面へと戻っていた。わざわざループ線としたのは、運転士や車掌が位置交替をすることなく、そのまま列車の運行ができるようにするためである。当時は、渡り線もポイントも設けられていなかった。

その後、一九二〇（大正九）年頃にループ線は廃止されたといい、降車場のあった位置に新しく行き止まり式のホームが設置された。当時の構内図を見ると、ホームへと至る線路にループ線の名残があることがわかる（45ページ上図参照）。

このときは二両編成の列車が停車できるだけの大きさであったが、一九二〇年七月六日の神戸本線開業に伴って輸送重要が増加すると、これでは対応できなくなった。そこで一九二六（大正一五）年にホームを拡張。さらに一九六九（昭和四四）年には八両編成の列車への対応が可能なホームへと増設されたわけであるが、もともと線路がくの字型に敷かれていたため、ホームもまた、それに合わせて設置されたのである。

箕面駅の変遷

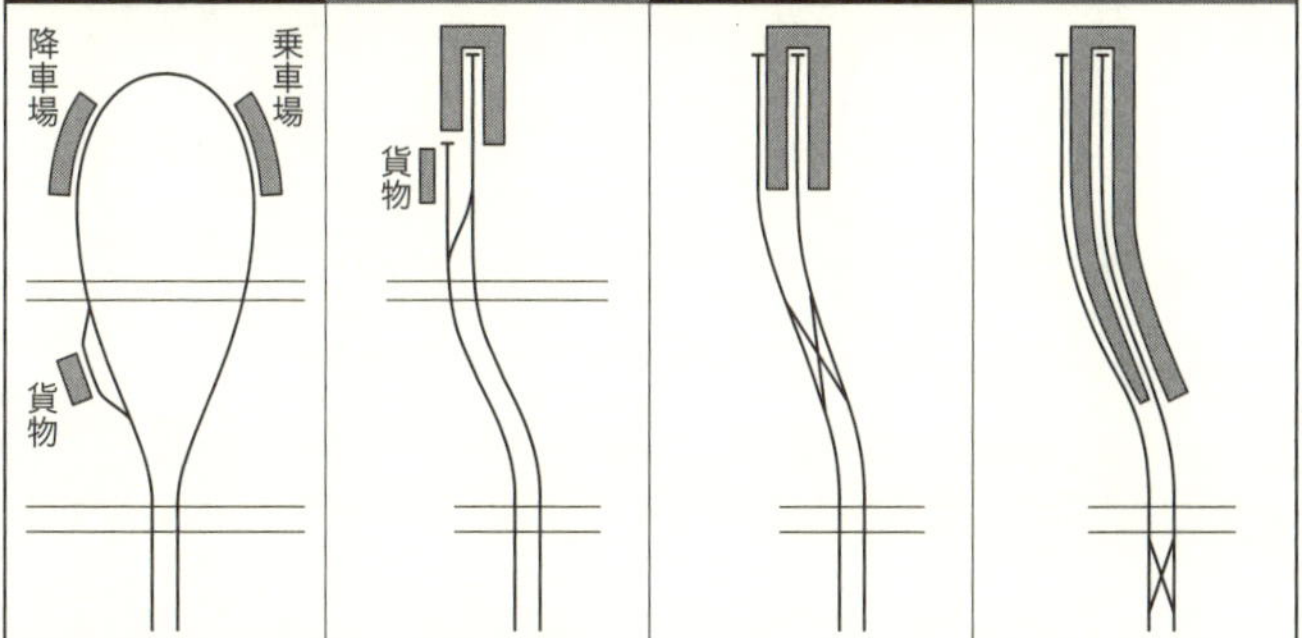

1910(明治43)年～	1920(大正9)年～	1926(大正15)年～	1969(昭和44)年～
開業当時、ループ線内には公会堂があったが、1919(大正8)年に宝塚に移され、新歌劇場として利用された。	ループ線が廃止され、降車場の位置に頭端式のホームが設置される。	ホームが拡張される。	8両編成の列車が停車できるようホームが延長されたが、路線に合わせて設置されたため、「く」の字形となっている。

出典:『鉄道ピクトリアルNo.837』(電気車研究会)

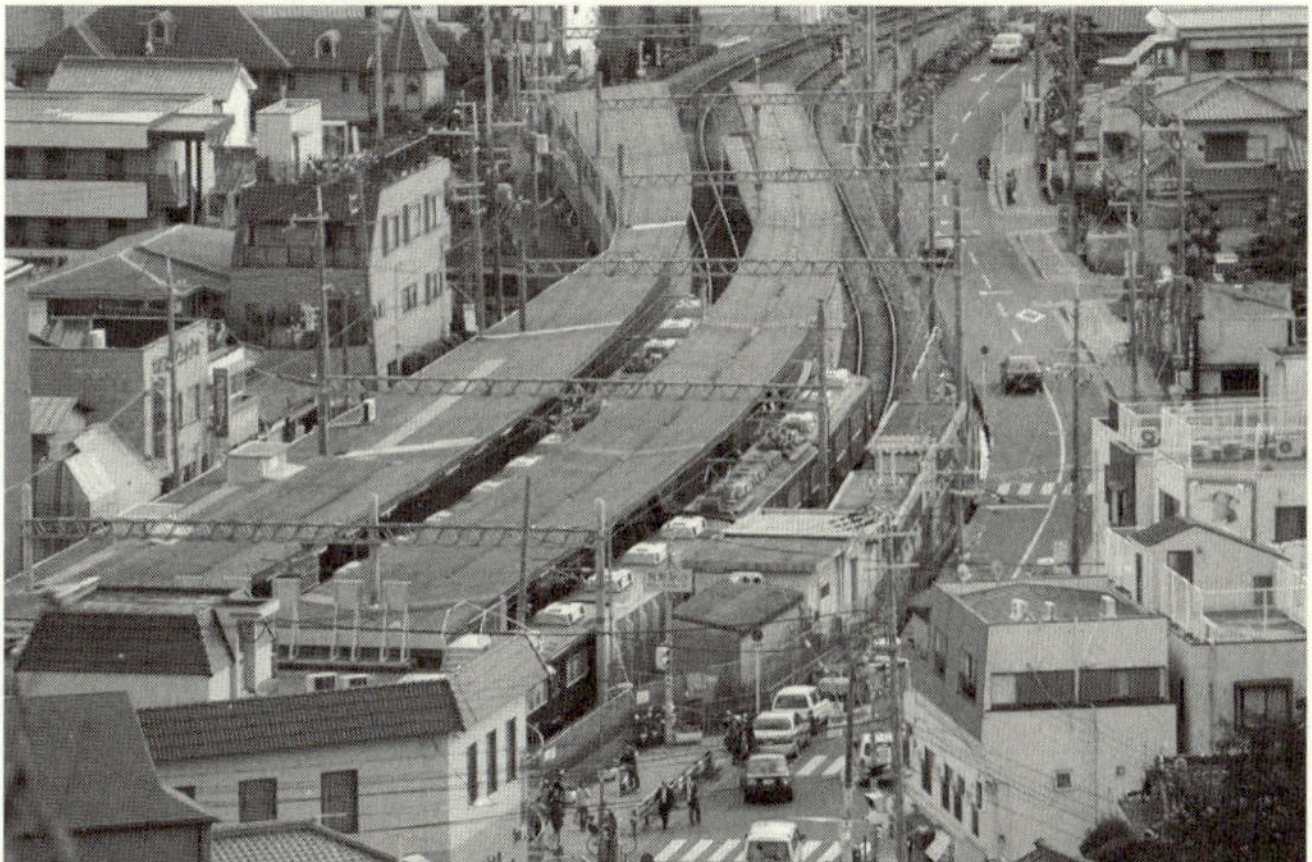

高所から見下ろすと、箕面駅のホームと線路が大きく曲がっていることがわかる(写真:Toshiki Miyake)。

正雀工場ではいったいどんな検査が行なわれている？

京都本線
しょうじゃく
正雀
HK 66

京都本線・正雀駅は、一九二八（昭和三）年一月に開業した。駅名の由来となったのは、駅近くを流れる正雀川である。正雀川は、千里《せんり》丘陵を源流とし、吹田《すいた》市、摂津《せっつ》市を流れて安威川《あいかわ》に合流する一級河川だ。ただ、駅周辺では暗渠《あんきょ》化（覆いをして外からは見えなくなっている水路、または地下に埋設された水路）されており、現在、川の上は自転車置場として利用されている。

正雀駅の近くには、阪急で唯一の車両工場・正雀工場がある。一九六八（昭和四三）年一二月の完成以来、阪急全車両の検査や修繕工事などを行なっている場所だ。

かつて阪急には、宝塚本線と神戸本線の車両の検査・修繕を行なう西宮《にしのみや》工場と、京都本線の車両の検査・修繕を行なう旧・正雀工場という二つの工場があった。しかし、沿線の発展に伴って乗客数が増えると、それに合わせて車両数も増加し、既存の工場では対応しきれなくなった。そこで両工場を統合し、旧・正雀工場の隣接地に新たな工場を建設した。これが現在の正雀工場で、当時は日本一の規模を誇っていたという。

日々の運行の安全を守る詳細な検査

現在、正雀工場の敷地面積は六万一四六〇平方メートルに及ぶ。そこには、車両の検査・修繕を行なう主工場棟、大規模な改造工事を行なう新工場棟、資材の管理を行なう資材センター、更衣室や浴室・会議室・食堂が入っている食堂棟、管理部・設計部・運輸部が入居する総合ビルが建ち並んでいる。

それでは、正雀工場ではいったいどのような検査が行なわれているのだろうか。正雀工場で実施されるおもな検査は、「全般検査」と「重要部検査」である。全般検査は、八年を超えない期間ごとに、車両のすべての機器装置を一斉に検査することをいう。台車や車輪、パンタグラフなど車両の主要な部分を取り外し、念入りに検査を行なっていく。一方、重要部検査は、四年または走行距離が六〇万キロメートルを超えない期間のいずれか短い期間ごとに、走行に関わる走行装置やブレーキ装置、動力発生装置などについて検査を行なうもの。装置や計器などを分解し、こちらも細部まで徹底的に検査していく。

これらの検査は法律で決められているものであり、どの鉄道会社でも行なわれているが、阪急の場合は全般検査と重要部検査を行なうにあたり、ＡＢ検査方式という独自のルールを設けている。これは、重要部検査の際に全般検査も合わせて実施するというものである。

正雀工場。年間で最大484両もの車両の検査・修繕工事などを行なうことができる。

具体的には、一回目の重要部検査の際、ある機器については全般検査を並行して実施（A検査）、そして二回目の重要部検査施行時には、前回全般検査を行なわなかった機器・装置について並行して全般検査を実施するというものだ（B検査）。これにより、八年を超えない期間のうちに、すべての機器・装置の全般検査を効率よく終えられるのである。これらの検査は、一車両あたり七日間の行程で行なわれる。検査後は試運転を経て最終調整するので、八両編成の場合は全体の検査が終わるのに一四日ほどかかるという。現在、正雀工場では年間三〇〇以上の車両の検査を行なっている。阪急の車両が日々安全に乗客を運べるのは、正雀工場あってのことなのである。

正雀工場構内図

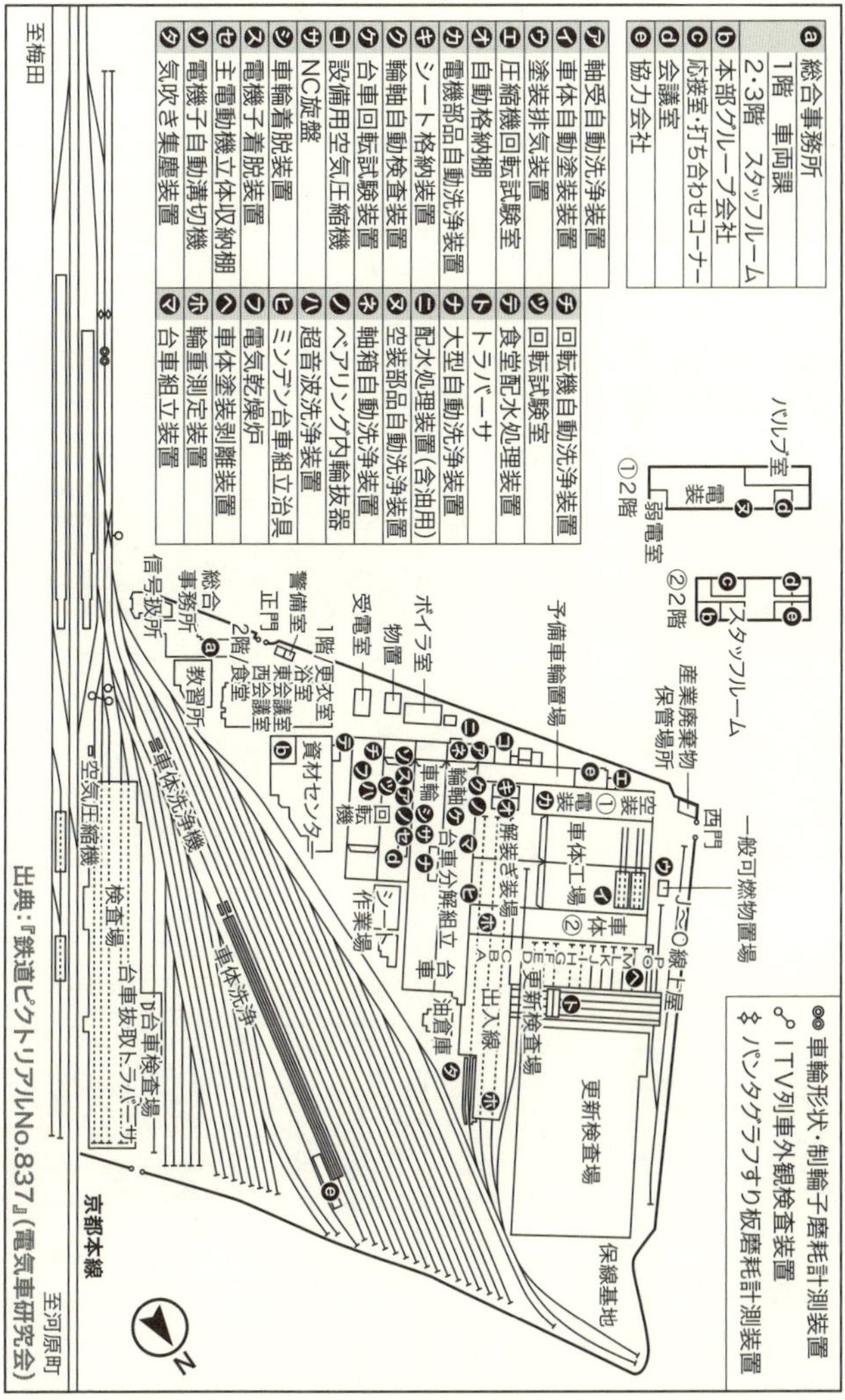
ⓐ 総合事務所
1階 車両課
2・3階 スタッフルーム
ⓑ 本部グループ会社
ⓒ 応接室・打ち合わせコーナー
ⓓ 会議室
ⓔ 協力会社
ア 軸受自動洗浄装置
イ 車体自動塗装装置
ウ 塗装排気装置
エ 圧縮機回転試験室
オ 自動格納棚
カ 電機部品自動洗浄装置
キ シート格納装置
ク 輪軸自動検査装置
ケ 台車回転試験装置
コ 設備用空気圧縮機
サ NC旋盤
シ 車輪着脱装置
ス 電機子着脱装置
セ 主電動機立体収納棚
ソ 電機子自動清切機
タ 気吹き集塵装置
チ 回転機自動洗浄装置
ツ 回転試験室
テ 食堂配水処理装置
ト トラバーサ
ナ 大型自動洗浄装置
ニ 配水処理装置(含油用)
ヌ 空装部品自動洗浄装置
ネ 軸箱自動洗浄装置
ノ ベアリング内輪抜器
ハ 超音波洗浄装置
ヒ ミンデン台車組立治具
フ 電気乾燥炉
ヘ 車体塗装剥離装置
ホ 輪重測定装置
マ 台車組立装置
車輪形状・制輪子磨耗計測装置
ITV列車外観検査装置
パンタグラフすり板磨耗計測装置
バルブ室
電装
弱電室
①2階
②2階
スタッフルーム
産業廃棄物保管場所
西門
一般可燃物置場
J～O線上屋
予備車輪置場
ボイラ室
物置
受電室
1階/更衣室/浴室/東会議室/西会議室
2階/食堂
警備室
正門
総合事務所
信号扱所
教習所
資材センター
空装①
電装
車体工場①
車体工場②
車輪
輪軸
回転機
解装ぎ装場
台車分解組立
台車
シート
作業場
油倉庫
出入線
更新検査場
保線基地
車体洗浄機
車体洗浄
空気圧縮機
検査場
台車検査場
台車抜取トラバーサ
京都本線
至梅田
至河原町
N
出典:『鉄道ピクトリアルNo.837』(電気車研究会)

阪急電鉄

阪急が行なっている驚きの学生専用サービス！

大阪・梅田を起点とし、京都、神戸と関西三大都市を結ぶ阪急電鉄の沿線には、大学や高校など私立、公立を問わず多くの学校が存在する。とくに有数の学園地域が形成されているのが、今津線沿線である。全長わずか九・三キロメートルの間に、小林聖心女子学院《おばやしせいしん》（小林駅）、仁川学院《にがわ》（仁川駅）、関西学院大学（甲東園駅）、県立西宮高校（甲東園駅）、神戸女学院大学（門戸厄神駅《もんどやくじん》）、甲子園学院（西宮北口駅）などといった学校がずらりと建ち並ぶ。今津線はまさに阪神間の「学園都市線」ともいうべき性質を有しているのである。

なかでも仁川駅、甲東園駅、門戸厄神駅の学生定期使用者は、三駅の全乗客の三割を占めるという。

今津線沿線にここまで多くの学校が集まったのは、乗客の増加を狙って学校の誘致を積極的に図った阪急の戦略の賜物である。

まず初めに阪急が誘致したのが、一九二六（大正一五）年に小林駅近くに移転した小林聖心女子学院である。同校は一九二三（大正一二）年、兵庫県武庫《むこ》郡住吉《すみよし》村に開校した住吉聖心女子学院を前身とし、移転を機に現在の名称へと改称した。

一九二九（昭和四）年には、神戸から関西学院を誘致した。当時、同校は大学設立を目指していたが、神戸時代の学校の敷地は狭く、資金も潤沢ではなかった。その話を聞いた阪急は、すぐさま関西学院との交渉に着手。甲東園駅西側の丘陵地を買収するとともに、安価でそれを関西学院に売却した。それと同時に阪急は関西学院の神戸の土地を高値で買い上げたため、関西学院はその差額で校舎を建設することができ、一九三二（昭和七）年、無事、大学への昇格を果たすことができたのである。

以降、一九三二年には神戸女子神学校（聖和女子学院、聖和女子大学を経て、学校法人関西学院との合併に伴い廃校。現在は関西学院大学西宮聖和キャンパス）、一九三三（昭和八）年には神戸女学院大学をそれぞれ神戸の地から門戸厄神駅近くへと誘致。一九五八（昭和三三）年には、関西学院を中心とした一帯が文教地区に指定された。

女子学生専用列車と学生専用出口

このように学生が多く利用する路線であることから、阪急では学生のための様々なサービスを実施してきた。

たとえば戦前には、今津線、宝塚本線で女子学生だけが乗ることができる専用の電車が走っていたという。いまでこそ女性専用車両は珍しいものではないが、その先駆けといえる斬新な試みである。

また、今津線・西宮北口〜宝塚間では、学生の通学の便を図るため、土曜日朝の通学時間帯のみ、普通便を増発するという心配りを見せている。ただし、沿線の学校が夏休みや冬休みなどで休校のときには運転はなされない。

今津線以外に目を向けると、宝塚本線・雲雀丘花屋敷《ひばりがおかはなやしき》駅、神戸本線・王子公園駅、甲陽線・甲陽園駅に、学生専用の改札口が設置されている。

もともとこのアイデアは、阪急電鉄八代目社長・小林米三《よねぞう》（小林一三の三男）が、西ドイツの地下鉄で実施されていたのを取り入れ、一九六五（昭和四〇）年に甲陽園駅、箕面駅、西京極駅に設置したのがはじまりである。今津線では一九六六（昭和四一）年の門戸厄神駅への導入を皮切りに、甲東園駅、仁川駅、小林駅、逆瀬川駅と導入されたが、自動改札機の普及に伴い、いずれも廃止された。

なお、雲雀丘花屋敷駅は、雲雀丘学園に通う子どもたちが一般道路を通らずに通学できるよう、駅のホームから校内まで専用の通路が設けられている。

今津線と学校

阪急沿線のなかでも、今津線周辺には多くの学校が建ち並ぶ。甲東園〜門戸厄神間の西、上ヶ原を中心としたエリアは、文教地区に指定されている。

阪急電鉄がかつて運営していた一風変わった専門学校とは？

宝塚本線

そね
曽根

HK 44

宝塚本線・曽根駅は、宝塚本線開通の二年後の一九一二（明治四五）年五月に開業した。当時は茶畑や松林などが広がる田園地帯に過ぎなかったが、阪急電鉄の創業者・小林一三が住宅地として開発すべく、一九一四（大正三）年、大阪・中津にあった東光院《とうこういん》を現在地に招致。これを契機として一帯の開発が進み、大正末期から昭和初期にかけて、富豪の大邸宅が建ち並ぶようになった。現在も、駅周辺には閑静な住宅街が広がっている。

曽根駅を降りて南西に向かうと、豊中市立第一中学校がある。戦後の一九四七（昭和二二）年、豊中市で最初に設置された中学校であるが、じつは戦前、この場所に阪急がかつて運営していたユニークな専門学校があったことをご存知だろうか。阪急百貨店で働く店員を養成する女学校である。

阪急が世界初のターミナルデパート・阪急百貨店を開業したのは一九二九（昭和四）年四月一五日のことだったが、当時は女性店員の勤続年数が短く、仕事にようやく慣れてきた頃に辞められてしまうことに頭を抱えていた。せっかく多額のコストをかけ、関西のみ

ならず、中・四国、九州エリアにまで採用の手を伸ばしていたのに、これでは水の泡である。

そこで阪急は、いっそのこと店員を自前で育ててはどうかと考えた。具体的には、百貨店に興味があり、素質もあって少なくとも七年ぐらいは勤務してくれる人を養成しようとしたのである。

女性店員養成学校の誕生

そうして一九三七（昭和一二）年、「曽根実業専修女学校」を開校した。前年の一二月二七日付の昭和日日新聞には「阪急の女店員学校　愈愈《いよいよ》明春四月開校　三ヶ年でデパート娘を養成」、同日の大阪朝報には「百貨店が経営する　何でも御座れ学校　阪急の曽根実業専修女学校　三ヶ年で店嬢を養成　愈よ明春四月開校」という見出しが躍り、我が国初のデパートメントスクールの開校として華々しく紹介された。

いざ開校にあたり行なわれた入学試験では、尋常小学校卒業程度の者一〇〇名という定員に対して五九四名、高等小学校卒業程度の者五〇名という定員に対して一四八名の志願者があったという。予想外に多い志願者に対して、尋常小学校卒業程度の者の定員数を一五〇名にまで拡大するという措置が講じられているが、それでも競争率は高く、人気を集めていたことがわかる。

それでは、曽根実業専修女学校では実際にどのような内容の授業が行なわれていたのだろうか。

同校の修業年数は、三年。商事要綱や簿記、タイプライティングなど百貨店勤務に必要な実践的科目のほか、よい花嫁となれるよう、家事の授業も存在していたようだ。さらに卒業前の三か月間、阪急百貨店で研修を行ない、実務を経験。卒業後は、阪急百貨店への就職優先権が与えられたという。

実際、この学校を卒業した女性のうち、何人が阪急百貨店に就職したのかは不明であるが、軒並み一六～二〇歳の間に入社していたとされる。

広く女学生から受け入れられた曽根実業専修女学校ではあったが、戦後の学制改革のなかでそっと歴史に幕を閉じることとなる。

阪急としては、戦後も同校を新制の中学校として存続させるつもりだったが、国は新制の高等学校を併置しない限り単独での存続は認めないとの沙汰を下す。もともと敷地が狭かったことに加え、戦災で校舎が大破していたこともあり、阪急は同校の存続を断念。一九四八（昭和二三）年三月をもって、同校は閉校となった。そして学校の土地、建物などは豊中市に委譲されたのであった。

第二章

路線に秘められた驚きミステリー

海沿いに敷かれた阪神、JRに対して なぜ神戸本線は山麓に路線が敷かれた!?

阪急電鉄

阪急沿線のなかでも、大阪から神戸に至る神戸本線は、高級感や安心感といった独特のイメージで語られることが多い。沿線にある高級住宅地や、大学をはじめとした文教施設の立地もそうした雰囲の醸成に一役買っている。さらに、並走しているJR神戸線、阪神電鉄本線なども相まって、「阪神間モダニズム」として称されることも多い。こうした阪神間において、海岸に沿って敷かれた阪神電鉄本線、JR神戸線に対して、神戸本線は山麓に路線が敷設されている。なぜ阪急は、わざわざ山麓に路線を敷いたのか、その歴史的背景について見ていこう。

まず大阪〜神戸間において鉄道が敷設されたのは、旧国鉄（現・JR）路線である。一八七四（明治七）年五月一一日、大阪〜神戸間が旅客線として開業し、途中駅として西ノ宮駅（現在の西宮駅）、三ノ宮駅が開業した。この路線は、地域に鉄道という新しい交通機関がつくられたという意味では非常に大きいが、そのおもな目的は、大阪と神戸という都市をつなぐというものであり、沿線開発という点に主眼が置かれていたわけではなかった。

次に沿線の開発という意味で注目されるのは、阪神電鉄である。一九〇五（明治三八）年四月一二日、阪神本線神戸（三宮）～大阪（出入橋）間が開業した。阪神電鉄の路線が置かれた特徴は、大阪湾岸の歴史的集落を結ぶものであった。これらの集落の多くは、西国街道（山陽道）という歴史的な地域でもあり、すでに市街地化していた地域も多かった。その結果として国鉄路線とは異なり駅も数多く設置されることになり、駅間距離も平均して約一キロメートルと短かった。その後、阪神電鉄は一九〇九（明治四二）年に住宅地経営を開始し、御影、甲子園といった住宅地を開発。さらには甲子園球場（一九二四年完成）、甲子園ホテルなどを建設し、積極的な沿線開発や郊外住宅地の開発を行なっていった。

路線を山麓に敷くことで生まれた高級住宅地のイメージ

そして最後に敷設されたのが、阪急電鉄である。このとき、神戸～大阪間にはすでに二社の路線が走っていたため、阪急は市街地化が遅れ、用地の取得も比較的容易であった地域を選定せざるを得なかった。結果として、もっとも自然の残る山側の丘陵部にルートをとることとなったのである。一九二〇（大正九）年には神戸本線十三～神戸（のちの上筒井）間が開業し、一九三六（昭和一一）年には神戸市内の三宮へ高架線で乗り入れることになった。阪急神戸線の開通当時の新聞広告には、次のような文言が踊った。

新しく開通《でき》た大阪ゆき急行電車
市電上筒井にて連絡
綺麗で早うて、ガラアキ
眺めの素敵によい涼しい電車

この表現は、大阪～神戸間に先行していた阪神電車の混雑に閉口していた利用者にとっては羨望の対象となった。それだけ阪急線沿線の市街地が未開発だったことがわかる。

さらに、そうした既存の集落が比較的少なかったという特徴を活かして、環境の良好な郊外住宅地としての開発を積極的に展開することとなった。日本で最初の郊外住宅地開発を行なった経緯を持つ阪急は、そのノウハウを阪神間にも導入し、健康的な郊外住宅地としてのイメージを推進していったのである。阪神電鉄も推進した住宅地開発に増して、阪急沿線は六甲山の山麓に広がる自然景観を活かして、より郊外の文化的な住宅地開発という展開を行なった。当時の住宅案内パンフレットには、「美しき水の都は夢と消えて、空暗き煙の都に住む我が大阪市民諸君よ！」として、自然豊かで健康的な沿線住宅地がＰＲ

山麓に路線を敷かざるを得なかった阪急

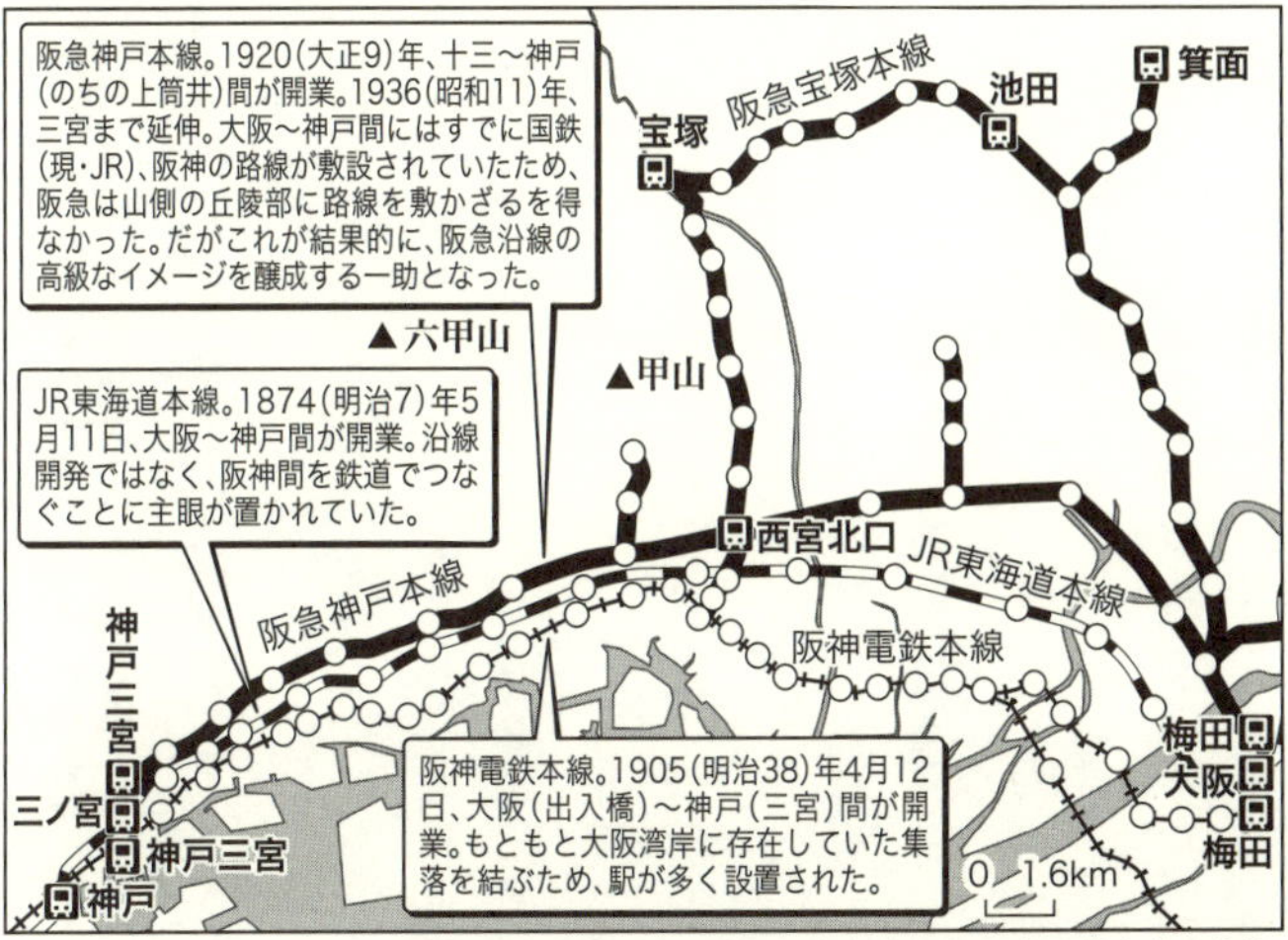
阪急神戸本線。1920(大正9)年、十三〜神戸(のちの上筒井)間が開業。1936(昭和11)年、三宮まで延伸。大阪〜神戸間にはすでに国鉄(現・JR)、阪神の路線が敷設されていたため、阪急は山側の丘陵部に路線を敷かざるを得なかった。だがこれが結果的に、阪急沿線の高級なイメージを醸成する一助となった。
JR東海道本線。1874(明治7)年5月11日、大阪〜神戸間が開業。沿線開発ではなく、阪神間を鉄道でつなぐことに主眼が置かれていた。
阪神電鉄本線。1905(明治38)年4月12日、大阪(出入橋)〜神戸(三宮)間が開業。もともと大阪湾岸に存在していた集落を結ぶため、駅が多く設置された。
阪急宝塚本線
宝塚
池田
箕面
▲六甲山
▲甲山
西宮北口
JR東海道本線
阪急神戸本線
阪神電鉄本線
神戸三宮
三ノ宮
神戸三宮
神戸
梅田
大阪
梅田
0 1.6km

※阪急神戸本線・宝塚本線、JR東海道本線、阪神電鉄本線を抜粋。

されていった。

一九世紀末、イギリスの産業革命期に、居住環境が悪化したロンドンを離れ、農村の優れた生活環境との融合を目指してE・ハワードが新しい都市形態「Garden City」を提唱したのが一八九八年。そこから邦訳された「田園都市」という思想が、この阪神間にも導入されていった。大学や文教施設の誘致といった要素も加わって、良好な環境を持つ文化的なエリアとしての阪神間のイメージは、このようにして生まれていったのである。山麓に路線を敷設せざるを得なかった阪急であったが、これが結果的に功を奏し、その後の阪急のイメージを確定するような地域が阪神間に形成されていった。

阪急新大阪線ははたして実現するのか⁉

阪急電鉄

二〇一二（平成二四）年八月、JR新大阪駅に隣接して新大阪阪急ビルがオープンした。地上一七階建ての複合ビルで、一階は高速バスターミナル、二、三階は地下鉄御堂筋線とJR新大阪駅を結ぶコンコースと商業店舗、オフィス、四～一一階はオフィス、一二～一七階は阪急阪神第一ホテルズグループが運営するホテル・レム新大阪である。このビルの完成により、地下鉄御堂筋線新大阪駅とJR新大阪駅の乗り換えがスムーズとなり、利便性がはるかに向上した。二〇一八（平成三〇）年度末には新大阪駅を起点とするJRおおさか東線が全線開業する予定となっており、今後、ますますの発展が予想される。

それにしても、新大阪駅に阪急は乗り入れていないにもかかわらず、なぜ「阪急ビル」が建設されたのか、疑問に感じる人もいるだろう。

じつは、すでに一九六一（昭和三六）年の時点で、阪急は新大阪駅の北側一帯の土地を保有していた。その背景には、いまだ実現されていない新大阪線・十三～新大阪間を敷設するという計画が横たわっている。

阪急新大阪線計画図

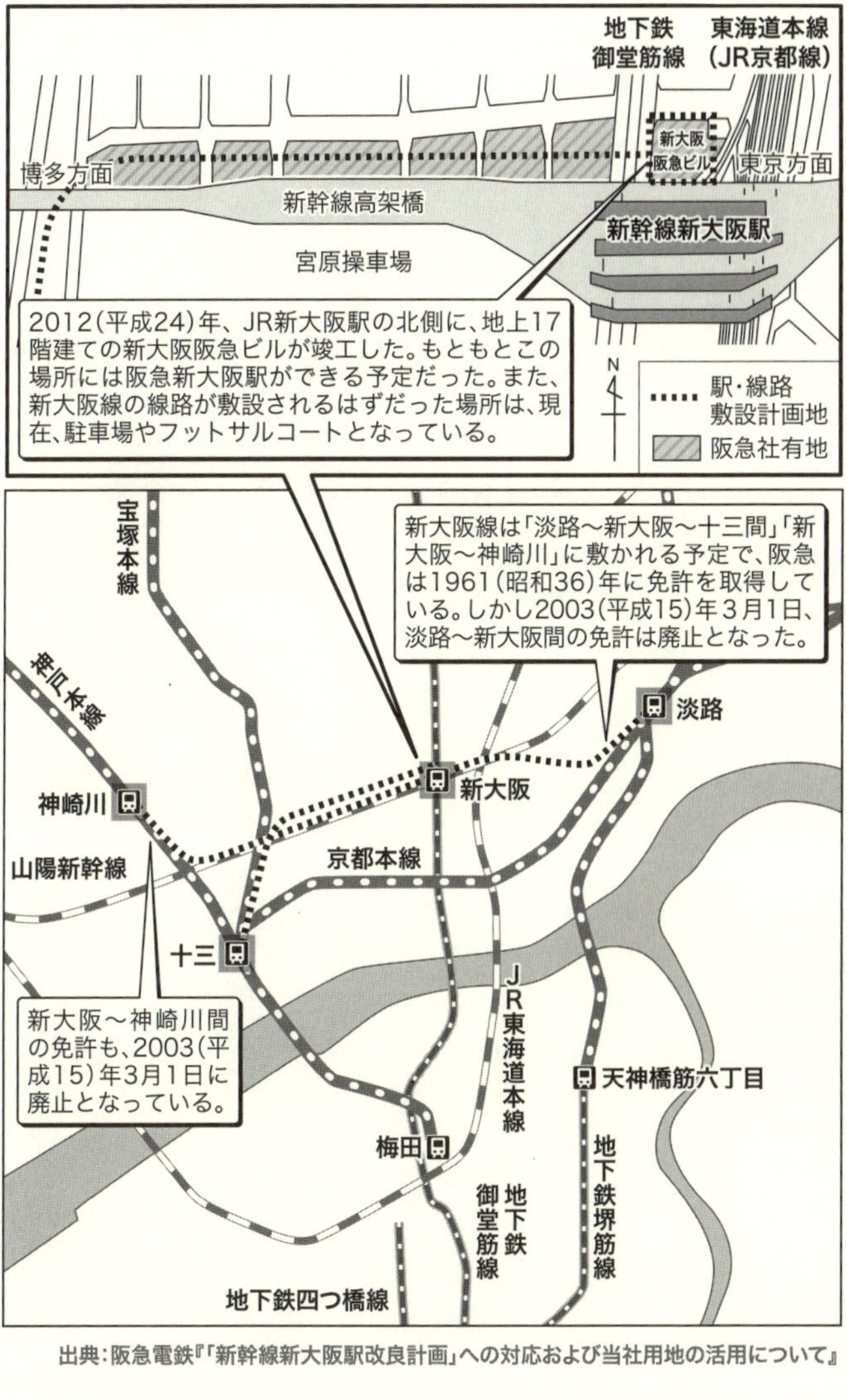

出典：阪急電鉄『「新幹線新大阪駅改良計画」への対応および当社用地の活用について』

2012(平成24)年8月にオープンした新大阪阪急ビル。もともとは阪急新大阪駅が設置される予定だった。

新大阪線は幻に終わるのか

阪急が新大阪線の敷設を計画したのは、一九六〇（昭和三五）年のことだった。東海道新幹線新大阪駅の建設地が現在の淀川区中島・宮島地区に決定され、また大阪市が新大阪駅付近を副都心として整備すべく、地下鉄一号線（御堂筋線）の新大阪への延伸を決定したことを受け、阪急も新大阪駅へ乗り入れようとしたのである。

一九六一（昭和三六）年、阪急は淡路〜新大阪〜十三間、新大阪〜神崎川間の免許を取得した。阪急新大阪駅はＪＲ新大阪駅の北側に設置することを決め、用地買収を進めるとともに、地下鉄新大阪駅をまたぐことを想定して地下鉄のホームの上に高架

新幹線高架橋北側の阪急の社有地は、現在、駐車場やフットサルコートとして利用されている。

の路盤を整備するなど、着々と準備を進めていった。

一九六四（昭和三九）年、いよいよＪＲ新大阪駅と地下鉄新大阪駅が開業する。しかし、一方の阪急の新路線が完成することはなかった。肝心の新大阪駅周辺の開発が遅れ、新駅を設置したところで採算が取れる見込みが立たなかったためだ。それに加え、新大阪駅周辺以外の地域における用地買収がうまく進まなかったこと、十三駅と淡路駅の高架化計画が遅々として進展しなかったことも理由として挙げられる。

実際、淡路駅周辺の高架化工事がはじまったのは二〇〇八（平成二〇）年（高架切り替えは二〇二四年度末を予定）のこと。十三駅にいたっては、高架化の目処は立っていない。

近年は、ＪＲ新大阪駅北側の阪急の社有地を活用して新大阪阪急ビルが建設されたり、ＪＲ新大阪駅二七番線ホームや引き上げ線の増設が行なわれたり、コインパーキングやフットサルコートなどに転用されたりと、もはや新大阪線を断念したかのような動きも見られる。

ところが二〇一七（平成二九）年三月、阪急の新大阪駅への進出計画が再び浮上した。なにわ筋線への乗り入れである。

なにわ筋線は、ＪＲ大阪駅北側の地下に建設予定の北梅田新駅から、ＪＲと南海の難波駅、さらには関西国際空港を結ぶ新路線のこと。報道によると、もともと大阪府、大阪市、ＪＲ西日本、南海電鉄の四社で協議がなされていたが、阪急が北梅田〜十三間を結ぶ新線を建設し、なにわ筋線に乗り入れるという計画を新たに提案したということである。阪急はいまだ十三〜新大阪間の免許を保持しており、最終的には北梅田〜十三〜新大阪間の路線敷設を構想しているようだ。

もっとも、まだ阪急のなにわ筋線への乗り入れが正式に決定しているわけではない。はたして阪急の新大阪駅への延伸は実現するのか。今後の展開を心待ちにしたい。

西向日駅の広いホームに秘められた壮大な路線計画とは!?

京都本線

にしむこう
西向日

HK 78

京都本線・西向日駅は、新京阪鉄道時代の一九二八（昭和三）年一一月一日、西向日町駅として開業した。現在の駅名となったのは、一九七二（昭和四七）年一〇月一日のこと。向日町が向日市となったことを受けて改称された。

駅の北側には、七八四（延暦三）年から七九四（延暦一三）年まで都だった長岡京跡がある。周辺は宅地化が著しいが、長岡京跡は大極殿公園や朝堂院西第四堂跡朝堂院公園などとして整備されており、往時の都に思いを馳せることができる。

西向日駅のホームに降り立つと、京都本線のほかの駅と比較して、ホームが若干広くつくられていることがわかる。ただ、一日の平均乗降客数は一万二三八二人（二〇一五年、阪急調べ）と阪急全駅のなかで格別多いわけではなく、わざわざホームの幅を広くつくる必要があったとは思えない。

それでは、なぜ西向日駅のホームは広いのか。

じつはこのホームには、京都から名古屋まで路線を延伸するという壮大な計画が秘められていたのである。

幻に終わった画期的な新路線計画

もともと京都本線は、阪急ではなく、京阪電気鉄道の子会社・新京阪鉄道が敷いた路線を前身とする。

当時、京阪電鉄の路線は軌道法に基づき、淀川左岸の京街道に沿うようにして敷かれたため、カーブが多く、高速運転には不向きだった。そこで京都〜大阪間をより短時間で結ぶため、淀川右岸に高速新線の敷設を計画したのである。一九二二(大正一一)年、新線敷設用の別会社として新京阪鉄道を設立。一九二八(昭和三)年、淡路〜京都西院(現・西院)間が開業した。

一方、当時の新京阪の社長・太田光凞《おおたみつひろ》は、京阪間のみならず、名古屋〜大阪間にも目をつける。名阪間の交通量は相当数にのぼっていたものの、その輸送をおもに担っていたのは国鉄(現・JR)東海道本線、関西本線であり、新規参入の余地が十二分にあると踏んだのである。

そこで一九二八(昭和三)年六月、新京阪の西向日町駅(現・西向日駅)を起点とし、伏見(深草)、山科を経て、大津(馬場)まで新京阪線を延伸、馬場以東は名古屋急行電

新京阪鉄道の名古屋延伸計画図

新京阪名古屋延伸計画

新京阪鉄道は名阪間154.3キロメートルを2時間で結ぶ名古屋線を計画。1929(昭和4)年6月に敷設免許を取得するも、資金難で工事に着手することができず、1935(昭和10)年8月、免許を返納した。

名古屋急行電気鉄道

新京阪鉄道は、馬場以東を敷設するにあたり、名古屋急行電気鉄道を設立した。これは、路線敷設にあたって名古屋、京都から発起人を集い、計画を実現しやすくするという思惑があったといわれる。

新京阪鉄道は西向日町駅(現・西向日駅)を起点とし、名古屋へと至る路線の敷設を計画した。それに合わせて西向日町駅のホームは広くつくられたが、結局、名古屋延伸計画が実現することはなかった。

※『阪急電車』山口益生(JTBパブリッシング)に加筆

西向日駅ホーム。かつてはここを起点とし、名古屋まで路線を延伸する計画があった(写真:計記録)。

鉄を設立し、草津、野洲《やす》、太郎坊《たろうぼう》、永源寺《えいげんじ》、菰野《こもの》を経由して名古屋（金山）へ延伸するという壮大な鉄道免許を出願した（69ページ上図参照）。一九二九（昭和四）年六月、無事免許が下付された。

計画上、名古屋急行電鉄線は名阪間をわずか二時間で結ぶというものだった。超特急と称されていた国鉄特急・燕ですら二時間四七分を要した当時にあって、これは画期的なスピードであり、多くの乗客の獲得が予想された。

またこの計画のため、新京阪では大学・専門学校の新卒者を五〇余名採用したというから、相当の力の入れようであったことがわかる。

しかし、計画は途中で頓挫した。折からの世界恐慌のあおりを受けて資金難に陥り、新京阪は破綻寸前にまで追い込まれてしまった。

一九三〇（昭和五）年、京阪が新京阪を吸収合併し、不採算事業の中止、大規模なリストラの敢行などによって経営の建て直しを図るも、もはや新線工事を行なう体力は残されていなかった。

一九三五（昭和一〇）年、京阪は名古屋急行電鉄線の免許を返納。こうして京阪の名古屋延伸計画は、幻と消えたのであった。

伊丹線

本当は伊丹線をつくる予定はなかった!?

梅田〜神戸三宮間を結ぶ神戸本線には、今津線（宝塚〜今津間九・三キロメートル）、甲陽線（夙川《しゅくがわ》〜甲陽園間二・二キロメートル）、伊丹線（塚口〜伊丹間三・一キロメートル）という支線が存在する。

これら三つの支線のうち、もっとも歴史が古いのは伊丹線で、神戸本線の開業と同じ一九二〇（大正九）年七月一六日に開業している。当時は単線だったが、一九二二（大正一一）年四月に全線複々線化された。わずか三・一キロメートルの路線であるが、人口が密集したエリアをほぼ直線に貫き、幹線並みの風格が漂っている。

しかしじつは、阪急は当初伊丹線を開業させるつもりなどまったくなかった。それでは、なぜ伊丹線が敷設されることになったのだろうか。

伊丹住民の大反対

鉄道会社が路線を敷くにあたって重要視するのは、起点と終点をどこに設置するか、である。箕面有馬電気軌道《みのおありまでんききどう》の場合、開業時の起点は梅田であり、終点は温泉の街・宝塚であった。しかし将来的なことを考えると、都心にも終点駅を設置したかった。そうして白羽の矢が立ったのが、神戸だった。

そこで箕面有馬電気軌道は、すでに西宮〜神戸間の敷設免許を得ていた灘循環《なだじゅんかん》電気軌道との接続を前提とし、一九一三（大正二）年、十三から伊丹を経由、西宝線（現・今津線）・門戸《もんど》へと至る路線の敷設免許を取得した。

その後、灘循環電気軌道が経営難に陥ったため、同社を買収。一九一八（大正七）年二月には、将来的に阪神間の新路線を主幹線とする意味合いを込めて、社名を「阪神急行電鉄」へ改めた。同社の新路線に掛ける思いが伝わってこよう。また、「急行」「電鉄」という名称を社名に採用した最初の例となった。

ただ、ここで問題となったのが、路線の敷設ルートだった。当初の計画では、神崎川〜西宮間は伊丹町（現・伊丹市）の南端を通ることとなっていたが、首脳陣は、阪神間直通の急行線とするにはこれでは遠回り過ぎると判断。阪神間をより短時間で結ぶべく、路線を省線（現・ＪＲ）沿いに変更する申請を行なった。

しかし、これを聞きつけた伊丹町の住民が、阪神急行電鉄に対して反対運動を起こす。鉄道が通るかどうかは、交通の利便性はもちろんのこと、町の発展にも大きく関係するた

塚口～伊丹間を走る伊丹線。もしかしたらこの路線は存在しなかったかもしれない。

めである。

話し合いの末、やむなく阪神急行電鉄は新路線を現在の塚口経由へと変更。さらにはそこから伊丹までの路線を敷設するという妥協案を提案した。当初に予定していたルートよりも二キロメートル延長することとなったが、これによりなんとか事態は収束。一九二〇（大正九）年七月一六日、神戸本線、伊丹線が開業したのであった。

なお、阪神急行電鉄の思いとは裏腹、沿線人口が少ないこともあって、当初、神戸本線の乗客数は伸び悩んだ。当時の新聞に、「新しく開通《でき》た神戸ゆき急行電車、綺麗で早うてガラアキ、眺めの素敵によい涼しい電車」という自虐的とも思える広告を出すほどだった。

今津線が南北に分断されてしまった理由

神戸本線　今津線

にしのみやきたぐち
西宮北口
HK 08

今津線は、西宮市の今津駅から宝塚市の宝塚駅を結ぶ全長九・三キロメートルの路線である。だが西宮北口駅で南北に分断されており、今津〜宝塚間の直通電車はない。今津駅から宝塚駅へ向かうには西宮北口駅でいったん乗り換える必要があり、また宝塚方面と今津方面とではホームの場所も離れているので、やや不便な構造といえるだろう。

実質、二つの路線からなる今津線であるが、いったいなぜこのような形となっているのだろうか。

じつは、もともと今津線は南北に分断されておらず、一本につながった路線だった。

今津線のうち、最初に開業したのは宝塚〜西宮北口間で、一九二一（大正一〇）年のことだった。西宮北口〜今津間が開業したのはそれから五年後の一九二六（大正一五）年のことである。

当初は西宝線と呼ばれていたが、今津駅までの開通に伴い、今津線と改称された。もちろん、このときは今津〜宝塚間で直通電車が運行されていた。

西宮北口駅近くの高松ひなた緑地に保存されている「ダイヤモンドクロス」。今津線が1本につながっていた頃の名残である。

それでは、どうして今津線は南北に分断されてしまったのだろうか。その原因となったのが、西宮北口駅構内における神戸本線との平面交差だった。

交通の障害となった平面交差

西宮北口～今津間の開業時、今津線は東西に走る神戸本線と西宮北口駅構内で平面交差するように敷かれた。当時は技術的に路線を立体交差させることが難しかったため、線路を十字形にして交差させたのである。通称は「ダイヤモンドクロス」。路面電車では時折見られる構造であるが、高速鉄道同士による平面交差は非常に珍しいということで、西宮北口駅の名所となった。

今津線は二線、神戸本線は四線であったた

め、ダイヤモンドクロスは計八基設置された。

しかし戦後の高度経済成長のなかで、大阪と神戸の中間地に位置する西宮北口駅は、阪神間でも一、二を争うほど乗降客数の多い駅へと発展を遂げていく。そうしたなか、ラッシュ時にはどの方面に向かう電車も満員となり、駅構内は人で溢れ返るようになってしまった。

阪急は列車の本数を増やしてこれに対応しようとしたが、電車の通過を待たねばならない平面交差では増発や運行時間の短縮に限界があった。

そこで阪急はダイヤモンドクロスの廃止を決定。一九八四（昭和五九）年、その跡には一〇両編成の特急車両に対応した神戸本線のホームが建設された。こうして今津線は、南北に分断されてしまったのであった。

なお、五〇年以上にわたって西宮北口駅の名物であり続けたダイヤモンドクロス八基のうち、二基は現在も保存されている。

一基は、西宮北口駅近くの公園・高松ひなた緑地内に埋め込まれ、モニュメントとして展示されている（75ページ写真参照）。もう一基は、ダイヤモンドクロスを譲り受けた北《ほく》神《しん》急行電鉄の谷上車両基地内で、いまも現役の線路として活躍中だ。

甲陽線はライバル会社に対抗してつくられた!?

甲陽線

神戸本線の支線のひとつである甲陽線は、夙川〜甲陽園間を結ぶ全長二・二キロメートルの路線である。阪急全路線のなかで最短距離であるが、見所は多い。夙川駅近くを流れる夙川の河川敷は全体が公園として整備されており、春には約一六〇〇本もの桜が華麗な花を咲かせる。また、夙川駅、苦楽園口駅、甲陽園駅一帯には瀟洒《しょうしゃ》な住宅が建ち並んでおり、洗練された町並みに憧れる人は少なくない。

そんな甲陽線であるが、じつは伊丹線同様、この路線も阪急にとっては想定外のものだった。敷設された背景には、阪神電鉄との激しい確執が横たわっている。

ライバル阪神を阪急エリアに入れるべからず!?

事の起こりは、一九二二（大正一一）年一一月三日、阪神電鉄の別会社である摂津電気自動車株式会社が香櫨園《こうろえん》〜苦楽園間の無軌条式電気自動車（トロリーバス）の免許を申請したことにあった。

もしこれが実現すれば、阪神電鉄系の路線が省線（現・JR）、さらには阪急神戸本線を越え、阪急の地盤にまで深く入り込んでくることとなり、ひいては乗客を奪われることにつながりかねない。

阪急としては、みすみすこれを見逃すことなどできなかった。そこで一九二二（大正一一）年一二月、摂津電気自動車に対抗する形で、夙川～甲陽園間の軌道敷設特許を申請したのである。現在の甲陽線だ。

一九二三（大正一二）年二月一二日、摂津電気自動車に香櫨園～苦楽園間の特許が与えられる。

同年六月には、阪急の特許も認可された。これを受けて阪急はすぐさま工事に着手し、一九二四（大正一三）年一〇月、早々に甲陽線を開業させた。

一方、摂津電気自動車は一九二三（大正一二）年八月二六日、香櫨園～苦楽園間の路線敷設に向けて資本金三〇万円で株式会社化されたものの、トロリーバスの開業に難航していた。そもそもトロリーバスは運輸能力に劣ることに加え、省線や阪急の路線との平面交差による輸送力の低下、さらには運行上の危険の増大などといった諸問題が浮上していたためである。

それらを解消するため、一九二四（大正一三）年二月一八日、同路線の電気軌道への変

夙川の上を走る甲陽線の電車。春には車窓からすばらしい桜並木の風景を見ることができる。

更を申請し、同年一二月二五日、敷設認可を受けた。これに伴い、一九二五（大正一四）年一月二八日、社名が摂津電気軌道株式会社へと改称されている。

一九二七（昭和二）年一〇月には乗合バス事業を定款《ていかん》に加え、一九二九（昭和四）年、路線の敷設に先駆けて、西宮〜宝塚間のバス路線の運行を開始した。

しかし、摂津電気軌道株式会社が香櫨園〜苦楽園間に路線を敷設することはなかった。計画は停滞したままであり、また、乗合バス事業も不振に陥り、経営状況が悪化した。結局、乗合バス部門は阪神電鉄に買収されることとなり、一九三一（昭和六）年六月、摂津電気軌道株式会社は解散となった。

岡本～御影間に不自然なS字カーブができたワケ

神戸本線
みかげ
御影
HK 12

梅田～神戸三宮間を結ぶ全長三二・三キロメートルの神戸本線の路線を地図で確認すると、阪急の他路線とは異なり、ほぼ直線に延伸していることがわかる。これは、神戸本線が同区間を走るJR東海道本線、阪神線に対抗した高速鉄道として計画されたためだ。開通時の最高速度は時速一一〇キロメートルだったが、二〇〇六（平成一八）年には、昼間の時間帯のみ、神崎川～西宮北口間で、時速一一五キロメートルまで出せるようになった。阪急全路線のなかで最速である。

しかし、このような神戸本線にあって、かなり速度を落とさなければならない箇所が存在する。御影駅手前のS字カーブ部分である。これがあるために、岡本～御影間の駅間最高速度は、上りで時速九五キロメートル、下りで時速九〇キロメートルに制限されている。

関西経済界の重鎮の圧力に屈した阪急

ほぼ直線に近い線路を走る神戸本線になぜか存在するS字カーブ。若干不思議に感じる

御影駅手前に敷かれたS字カーブ

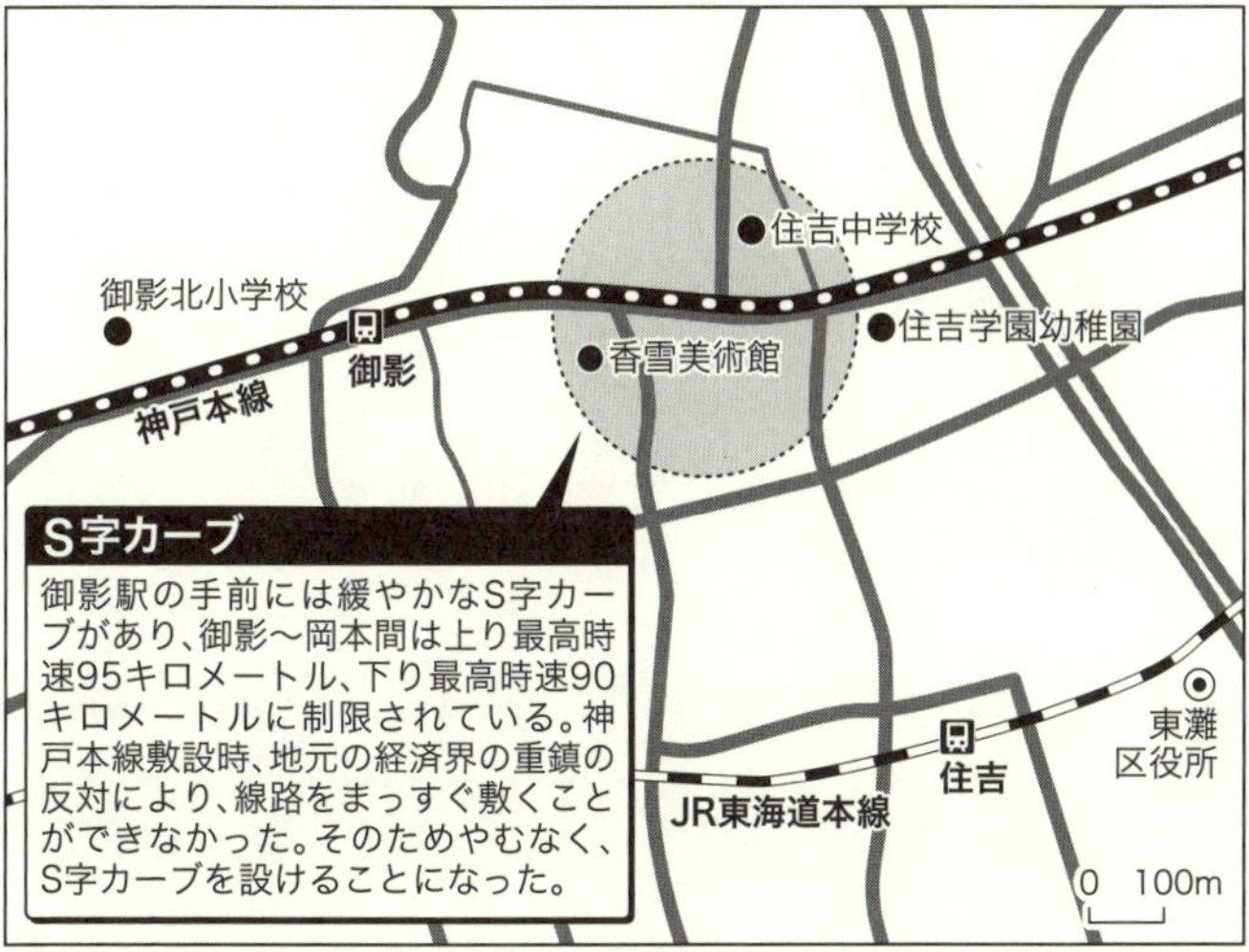
住吉中学校
御影北小学校
住吉学園幼稚園
香雪美術館
御影
神戸本線
S字カーブ
御影駅の手前には緩やかなS字カーブがあり、御影〜岡本間は上り最高時速95キロメートル、下り最高時速90キロメートルに制限されている。神戸本線敷設時、地元の経済界の重鎮の反対により、線路をまっすぐ敷くことができなかった。そのためやむなく、S字カーブを設けることになった。
東灘区役所
住吉
JR東海道本線
0 100m

ところであるが、じつはS字カーブが誕生した背景には、地元の住民による反対運動があった。その矢面に立っていたのは、上野理一とともに朝日新聞社主であった村山龍平である。

当時、村山は住吉川の山手に屋敷を構えていた。一帯は関西財界人の別荘地として豪邸が建ち並んでいた場所で、村山家のほかにも住友家総理事・鈴木馬左也や鐘ヶ淵紡績社長・武藤山治などの屋敷があった。

神戸本線を敷設するにあたり、できるだけ直線で阪神間を結ぼうと考えていた箕面有馬電気軌道は、岡本〜御影間の線路を敷設するにあたり、住吉川西堤から観音林を一直線に貫通し、村山邸北側の庭を横断、御影駅へと至るルートを想定していた。

ところが、これが大騒動を引き起こすこととなった。神戸本線の予定ルートを聞いた村山が激怒したのである。これに鈴木や武藤、さらには近隣の住民が加わり、反対運動が繰り広げられた。そして村山は小林一三に会談を申し込み、こう言った。

「自分の庭の北側を横切る形で電車が走ったら騒音に悩まされる。一〇〇万円を用意するから地下を潜らせるようにせよ」

いくら小林とはいえ、さすがに関西経済界の重鎮たちをないがしろにすることはできなかった。そこで地質技師たちに調べさせたところ、住吉川一帯は岩盤が硬く、とてもではないが地下化は困難であるという結果が出た。

結局、小林は代替案として、村山邸を避けて線路を敷設するという計画へと切り替えた。こうしてS字カーブが誕生したのである。

後日、小林は自叙伝のなかで、このときのことをこう述懐している。

「阪神間における巨頭三大人の申し入れに対し、冷淡に看過しては申し訳ないと思って村山邸の北隣を通過するために、観音林からSカーブの悪線に余儀なく変更したことは、いまになって考えるとまことになんという意気地がなかったであろうと、愚痴ざるを得ない」

小林自身が「悪線」と認識していたところが興味深い。

阪急電車が旧国鉄の線路を走っている!?

千里線

千里線は、天神橋筋六丁目～北千里間を結ぶ全長一三・六キロメートルの路線である。天神橋筋六丁目駅では大阪市営地下鉄堺筋《さかいすじ》線と直結。阪急のターミナル・梅田駅を経由せずに、大阪市内へ向かうことができる。

そのうちじつは、阪急の電車がかつての国鉄の線路を走っている区間が存在する。柴島《くにじま》～吹田《すいた》間だ。

なぜ国鉄の線路を使用しているのか。その謎を解くには、千里線が誕生した歴史をさかのぼる必要がある。

そもそも千里線は、阪急が敷いた路線ではない。一九二一（大正一〇）年に北大阪電気鉄道が敷いた十三～豊津《とよつ》間を前身とする。

北大阪電気鉄道は、千里丘陵を開発していた北大阪土地が入居者の交通輸送を担うために設立した会社である。一九一六（大正五）年には、天神橋筋六丁目～千里山間の免許を取得している。

しかし、資金難からなかなか同区間の着工に移せずにいた。第一次世界大戦（一九一四～一九一八年）の戦時好況の影響で鉄材の価格が高騰したことも、工事が遅れた一因である。

いったいどうすればよいのか。考えに考えた挙句、北大阪電気鉄道が思いついたのが、国鉄の廃線敷の払い下げだった。

千里線に残る国鉄時代の名残

北大阪電気鉄道が免許を取得する前年の一九一五（大正四）年二月、国鉄は東海道本線・吹田～大阪間の路線付け替え工事を行なっていた。旧路線敷には急なカーブが多いなどの理由で現在の東海道本線のルートへと変更されたのであるが、これによって廃線敷が生じていた。北大阪電気鉄道は、これに目をつけたのである。

廃線敷をそのまま利用すれば、当然建設費を抑えることができる。それに加え、淀川を渡る橋梁を建設するのは資金的に困難であることから敷設ルートの見直しを行ない、一九二一（大正一〇）年四月、紆余曲折の末、十三～豊津間を開業させたのであった。同年一〇月には、豊津～千里山間を開業した。

しかし、結局経営状況が改善される兆しはいっこうになく、一九二三（大正一二）年四

新神崎川橋梁。円型のレンガ積みの橋脚は、旧国鉄時代のものである。コンクリート製の角張った橋脚は、新たに建設されたもの。

月、北大阪電気鉄道は新京阪鉄道に吸収合併された。そして新京阪鉄道を合併した京阪電鉄と、阪急との合併を経て、阪急の路線となったのである。

その後、一九六三（昭和三八）年に新千里山駅（現・南千里駅）、一九六七（昭和四二）年に北千里山駅（現・北千里駅）まで延伸した。

現在も、千里線では旧国鉄東海道本線の名残を見出すことができる。たとえば吹田～下新庄《しもしんじょう》間にある新神崎川橋梁のレンガ製の円柱状の橋脚が挙げられる。また、下新庄駅構内にも旧国鉄東海道本線のレンガ構造物が存在していたが、淡路～下新庄駅間の高架化工事に伴い、これらの遺構は姿を消すこととなる。

京都本線
しょうじゃく
正雀
HK 66

なぜ阪急の沿線に大阪市営地下鉄の工場がある⁉

京都本線・正雀駅の北西には、阪急唯一の車両工場・正雀工場と京都本線の車両基地・正雀車庫が存在するが、じつは駅近くに、もうひとつ車両工場が存在している。それが、正雀駅と相川駅の中間にある「東吹田検車場」だ。

阪急の路線のすぐそばにあるため、一見阪急の車両工場かと思ってしまう。だが、そこに停車している車両色は阪急マルーンカラー（えび茶色）ではないため、阪急のものではないことが一目瞭然である。

それでは、ここはいったいどの鉄道会社の車両工場なのか。じつは、大阪市営地下鉄堺筋線の車両を検査、修繕する場所なのだ。もちろん車両工場の近くには大阪市営地下鉄の路線はない。なぜこのようなところに置かれたのか、不思議に感じる人もいるだろう。

阪急沿線に地下鉄の検車場が置かれたワケ

阪急沿線に大阪市営地下鉄の車両工場が置かれるようになったきっかけは、阪急と大阪市営地下鉄堺筋線との相互直通運転にあった。

堺筋線は、天神橋筋六丁目～天下茶屋《てんかぢゃや》間を結ぶ全長八・五キロメートルの路線で、大阪のビジネス街・堺筋の下を南北に走る。そして天神橋筋六丁目駅で阪急千里線と接続、北千里駅へと通じている。途中の淡路駅では京都本線への乗り換えが可能だ。

両線の相互直通運転が決定されたのは、一九六五（昭和四〇）年八月のことだった。千里丘陵で日本万国博覧会が開催されることが同年五月に決まったため、三〇〇〇万人以上と見込まれた膨大な来場客を安全に輸送するためには千里線と堺筋線との相互直通運転が必要と判断されたのである。

相互直通運転にあたり、阪急と大阪市の間でじつに一二二回もの協議が重ねられた。そうして一九六七（昭和四二）年三月二二日、両社間で相互直通運転に関する基本協定が締結された。

この結果、堺筋線の車両は、それまで大阪市営地下鉄で使用されていた第三軌条（地上に設けた導電レールから電気を取り入れる）・七五〇ボルトの方式のものとは異なる架空電車線（線路の上部に架線を張り、パンタグラフなどの集電装置を通じて電気を供給する）・一五〇〇ボルトとされた。

このときに問題となったのが、検車場だった。堺筋線の車両はほかの路線とは規格が異

正雀駅近くに設置された東吹田検車場。大阪市営地下鉄堺筋線の車両がずらりと並ぶ。

なるため、検車場を共有することができなかった。とはいえ、ビジネス街である堺筋沿線に検車場を設置する余裕などはない。

そこで、堺筋線の検車場用の土地として阪急が吹田市大字喜志部《きしべ》（現・吹田市南正雀）の農地四万一二〇〇平方メートルを買収し、大阪市に提供したのである。こうして一九六九（昭和四四）年一二月、一四四両の検車能力を持つ東吹田検車場が阪急沿線に建設されたのであった。

堺筋線の車両が東吹田検車場に入構するには、京都本線を経由する形となっている。ただ、下り線（梅田方面行き）とのみ一方方向で接続されているため、入構の際はいったん正雀駅まで行き、そこで折り返して検車場へ向かう必要がある。

かつて阪急には日本一短い路線があった!?

北野線
※休止

現在、日本で一番短い路線は、東京の京王電鉄・東府中《ひがしふちゅう》〜府中競馬正門前《ふちゅうけいばせいもんまえ》間で〇・九キロメートルである。神戸高速鉄道南北線新開地《しんかいち》〜湊川《みなとがわ》間はそれを下回る〇・四キロメートルという短さであるが、この路線は神戸電鉄線の乗り入れ列車によって運行されている神戸電鉄の延長線のようなものであり、路線単独では前者のほうが短いということになる。

じつは、阪急にもかつて日本一の超短距離路線があった。梅田〜北野間全長〇・八キロメートルを結ぶ北野線だ。

北野線は、もともとは宝塚本線の路線であり、一九一〇（明治四三）年三月一〇日の開業である。当時は、梅田〜十三間において、宝塚本線と神戸本線の列車が線路を併用していた。また、梅田駅から淀川橋梁手前辺りまでは併用軌道であり、列車と自動車が同じ路面を走行していた。だが、年々増加する輸送需要に対応しきれなくなったため、神戸本線用の線路を新たにつくることとし、両線を分離・独立させることにした。

そうして一九二六（大正一五）年七月、梅田〜十三間の高架複々線が完成し、宝塚本線、神戸本線の分離運転がはじまった。

じつはこのとき、地上に取り残された宝塚本線の併用軌道区間があった。それが、北野線である。長柄《ながら》運河《うんが》～北野間の路線があった場所には高架複々線が建設されたが、北野～梅田間は在来線としてそのまま残され、その西側に新たに高架複々線が建設されたのであった。

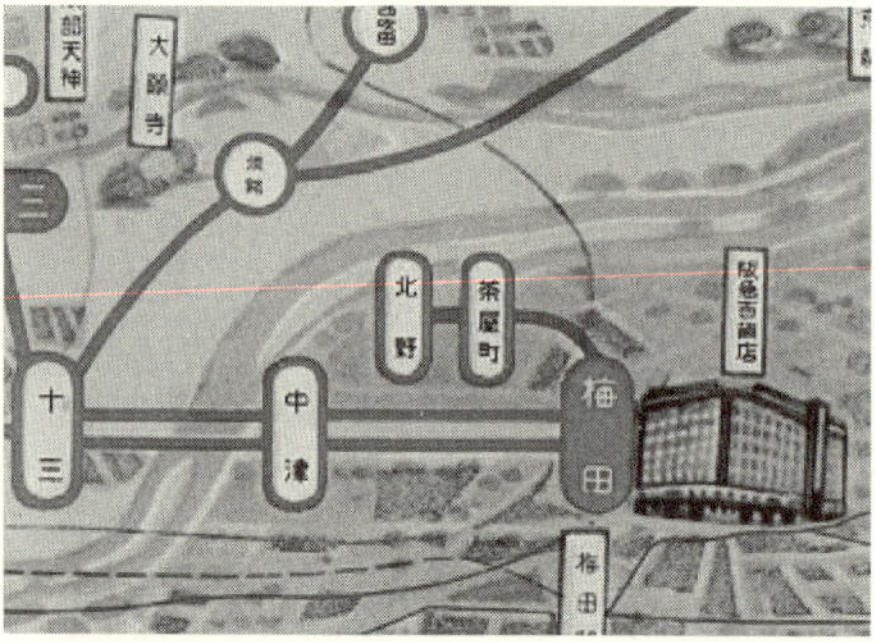

1931（昭和6）年に発行された『阪神急行電鉄沿線御案内』より梅田駅周辺。梅田～北野間を結ぶ北野線の跡地には、京都本線の高架が増設された。

廃線後は京都本線の礎に

一九二六（大正一五）年七月五日、北野線としての営業が開始された。梅田～茶屋町～北野間〇・八キロメートルの超短距離路線である。車両は、当初大阪市電から譲り受けたものを使用。その後、南海電鉄から箕面線用に譲り受けた小型ボギー車を路面乗降用へと改造し、使用した。

北野線梅田駅は、現在の阪急百貨店の東側の道路上にあった。しかし駅とはいっても、駅であることを示す表示ポールと、道路から一段高い乗降用のホームしかなく、とくに駅舎のようなものは設けられなかった。

梅田駅を出ると、次は茶屋町駅に停車する。茶屋町駅は、現在の綱敷天神社《つなしきてんじんじゃ》の近くにあった。そして茶屋町駅を出発した電車は、現在の阪急電鉄本社ビル北西角辺りにあった終点北野駅へとすべり込む。

梅田駅から北野駅までの所要時間は、わずか五分。北野駅では阪神北大阪線（一九七五年に廃止）の列車に、そして梅田駅では阪急の各路線や地下鉄、国鉄（現・JR）、大阪市電などへの乗り換えができたため、当初、乗降客数は多かったようである。

だが、戦中、戦後を通じて利用客が振るわず、営業赤字を計上。一九四九（昭和二四）年一月一日をもって、営業休止となった。

ここでポイントとなるのが、「休止」である。なぜ「廃止」ではなく、「休止」なのか。じつは阪急は、宝塚本線・神戸本線梅田～十三間の高架複々線工事を行なった際、将来的に北野線を利用して複線を増設するという計画を持っていたのである。

それが実現したのは、一九五七（昭和三二）年のことだった。梅田～十三間に京都本線の専用軌道を増設するにあたり、北野線跡地が使われることになったのだ。

一九五九（昭和三四）年二月一八日、梅田～十三間の三複線化工事が完成した。じつは、いまも北野線は廃線とはなっていない。京都本線として再出発を果たしたのである。

第二章

あの場所はこうして誕生した！沿線歴史散歩

宝塚本線　神戸本線
京都本線

うめだ
梅田
HK
01

梅田にはその昔、運河が存在していた!?

現在、梅田一帯は大阪を代表する一大ビジネス街、繁華街として繁栄を遂げている。二〇一三（平成二五）年四月二六日には、ＪＲ大阪駅の北側に、貨物駅の跡地を活用して大型複合施設・グランフロント大阪が開業したことは記憶に新しい。

そんな梅田周辺にかつて運河が存在していた、というと耳を疑う人もいるかもしれない。しかし明治時代の古地図を見ると、大阪駅の西側に、確かに運河の存在を確認することができる（95ページ図参照）。

オフィスビルや商業ビルが建ち並ぶ現在の雰囲気からはまったく想像がつかないが、かつてはこの場所を多数の船が行き交っていたのである。

舟運の拠点だった梅田入堀

古来、大阪では水運が発達していた。古代には、住吉津、難波津といった港に遣隋使船や遣唐使船が発着。戦国時代から江戸時代にかけては大阪都心部に堀割が開削され、舟運

梅田に存在していた運河

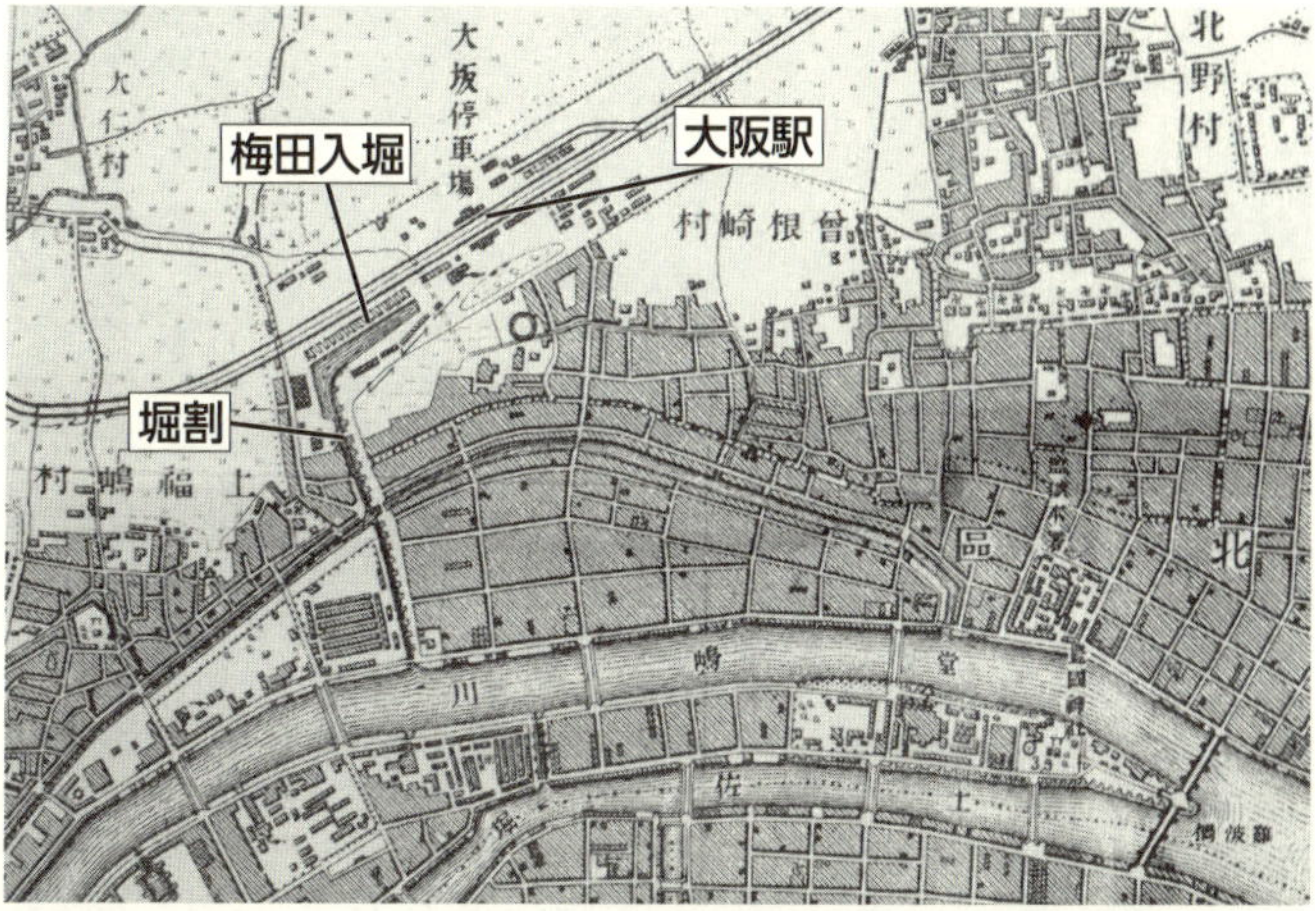

明治初頭、国鉄（現・ＪＲ）大阪駅近くには堀割が開削され、荷を運ぶ船が頻繁に往来していた。

が盛んとなった。

それは、一八七四（明治七）年に国鉄（現・ＪＲ）大阪駅が開業してからも変わらなかった。市街地に水路が張り巡らされた大阪では、船を利用して荷を運んだほうが便利だったためである。

ただ、大阪駅の当初の予定地だった堂島《どうじま》は堂島川が近くを流れていたのに対し、梅田は内陸部であり、水運を利用するのに不都合だった。そこで、堂島川から大阪駅まで船が進入できる連絡水路（堀割）と貨物を積み下ろしするドック（船渠《せんきょ》）が計画されたのである。

一八七七（明治一〇）年頃、曽根崎《そねざき》川から大阪駅へと至る入堀が開削され、その翌年には堂島川まで延長された。堂島川から駅構内手前までは堂島堀割、駅構内部分は梅田入堀と呼ばれた。

その後、鉄道を利用する旅客や貨物の取扱量が年々増加していくなかで、大阪駅は設備を拡張。旅客施設を東へ二〇〇メートル移転し、貨物施設は堀割の関係でそのままの位置で拡張されることとなった。こうして一九〇一（明治三四）年七月、二代目大阪駅が開業した。もともとドックの北側には貨物積み下ろし専用の上屋が二棟あったが、駅の拡張工事に合わせてドックの南側にも貨物上屋が三棟設けられ、貨物取扱量の増大が図られた。

ところが、大正末期から昭和初期にかけて旅客数がさらに増加すると、旅客駅と貨物駅を兼ねていた二代目大阪駅では対応しきれなくなった。そこで、旅客駅としての大阪駅を高架化し、貨物駅を駅の北側へ移転。一九二八（昭和三）年、梅田貨物駅の営業が開始された。そして一九三〇（昭和五）年、梅田貨物駅の設置に伴い、梅田入堀もさらに北へ延長されたのである。しかし鉄道輸送や自動車輸送の発展に伴い、河川舟運は衰退へと向かう。一九六五（昭和四〇）年頃には堀が埋め立てられ、その歴史に幕を閉じた。堀割の一部は、阪神高速道路の用地として利用された。

こうして堀割は姿を消すこととなったが、船の出入りが由来で命名された出入橋が阪神高速道路の高架下に残り、交差点名やバス停にも見られるなど、わずかながらに堀割の存在をしのぶことができる。

１９３５(昭和１０)年、梅田入堀に架けられた出入橋。船が出入りすることからその名がつけられた。梅田入堀は埋め立てられたが、橋はいまも健在である。

２０１３(平成２５)年に梅田貨物駅跡地に開業したグランフロント大阪。かつては脇に運河があり、貨物積み下ろし用のホームや倉庫が存在していた。

鉄道会社の開発の歴史がキタとミナミの性質を変えた！

阪急電鉄

大阪を代表する二大繁華街といえば、阪急梅田駅を中心とする「キタ」エリアと、南海難波《なんば》駅を中心とする「ミナミ」エリアである。

実際に両エリアに足を運んでみると、この二つのエリアが持つ地域特性には大きなちがいがあることがわかるだろう。キタは、オフィスビルや百貨店などの高層ビルが林立する文化的なエリア。一方のミナミは、歓楽街が広がる庶民的なエリアである。

同じ大阪の繁華街でありながらも、なぜこのようなちがいが見られるようになったのか。その理由は、それぞれの街が発展してきた歴史をひも解くとよくわかる。

もともと栄えていたミナミ、鉄道会社が開発したキタ

近世大阪につながる街づくりの歴史は一五八三（天正一一）年の豊臣秀吉《とよとみひでよし》による大坂城築城にまでさかのぼるが、本格的に街として発展を遂げたのは、大坂の陣後の一六一五（元和元）年以降のことである。

明治時代後期の道頓堀の様子。南海電鉄難波駅が開業したのは１８８５（明治１８）年のことだったが、もともと一帯は盛り場として栄えており、南海電鉄による開発がとくに行なわれることはなかった。

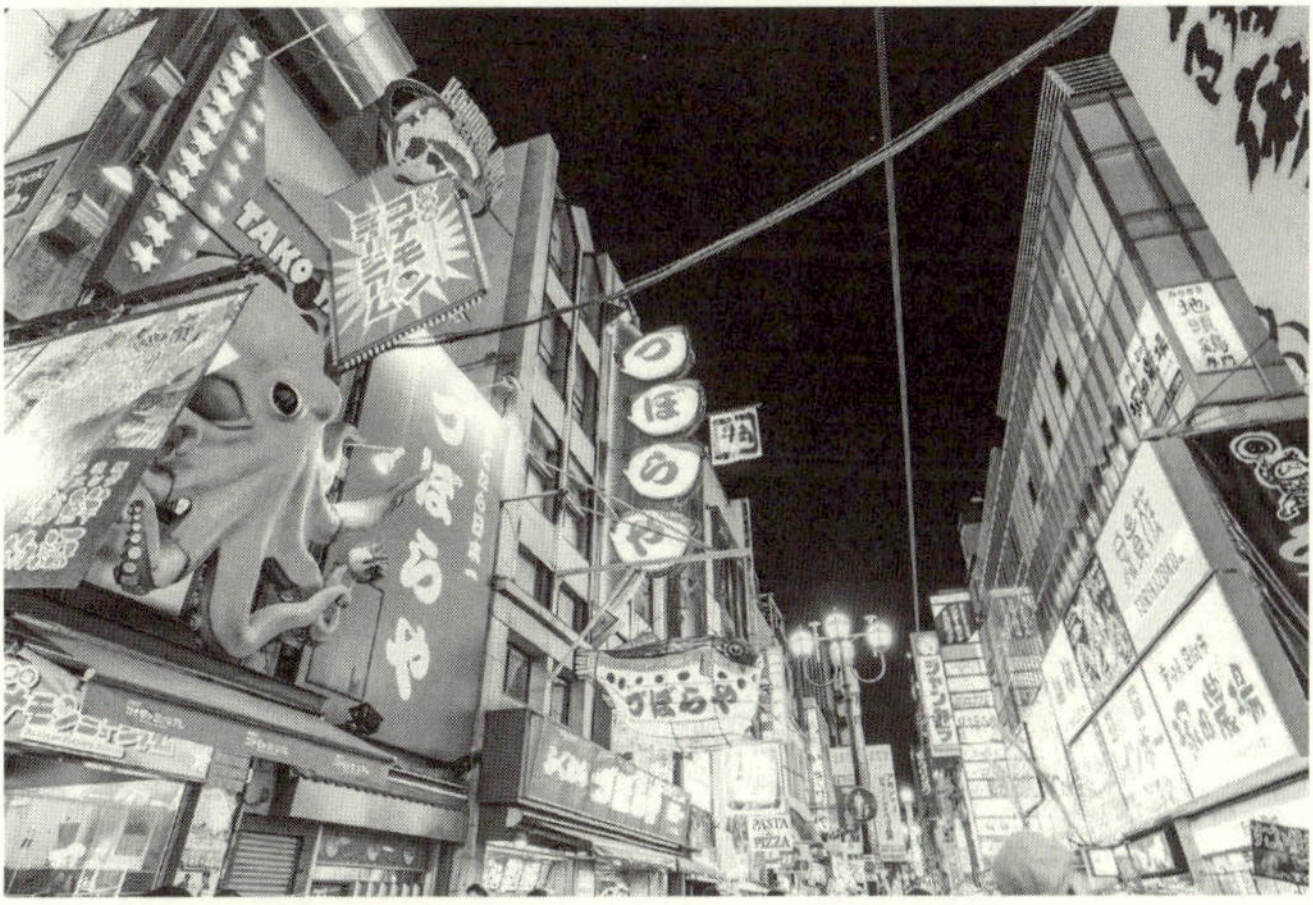

ネオンきらめく現在の「ミナミ」エリア。江戸期以降、庶民的な繁華街として発展した。日中から深夜に至るまで、人通りが多い。

まず発展を遂げたのは、ミナミ一帯だった。

一六一二（慶長一七）年から開削が行なわれた道頓堀《どうとんぼり》川の工事が一六一五年に完了すると、一六二六（寛永三）年、道頓堀一帯に芝居小屋を設置することが許可され、芝居小屋が建ち並ぶようになった。一六六二（寛文二）年には、歌舞伎《かぶき》小屋六軒、浄瑠璃《じょうるり》小屋五軒、舞小屋四軒、からくり小屋一軒が軒を連ねていたという。さらには、宗右衛門町、櫓《やぐら》町、坂町、難波新地、九郎右衛門町には花街が置かれ、道頓堀一帯は大坂町人の遊び場として大いに繁栄を遂げることとなった。

元禄年間（一六八八～一七〇四年）には、大坂城の城下町として現代へと通じる格子状の街路が整備された。その南端が道頓堀であったことから、「ミナミ」という呼称が起こったという。

つまりミナミは、もともと庶民に広く開かれた繁華街だったのであり、この伝統が、現代の一大飲食店街へと受け継がれていったのである。明治以降、南海電鉄をはじめとした鉄道各社が難波周辺にターミナル駅を築いても、その性質は変わることはなかった。

一方、キタエリアの中心となる梅田は大坂城の外れにあたり、墓場や田畑が広がるばかりの場所だった（163ページ参照）。キタが本格的に発展することになるのは、明治時代に入り、国鉄（現・JR）、阪神、阪急電鉄のターミナルが整備されて以降のことである。

阪急百貨店を中心とした「キタ」エリア。日中から夜にかけて人通りは多いが、終電後、街はひっそりと静けさを醸す。

とくに一九二九（昭和四）年、阪急が世界初のターミナルデパート・阪急百貨店を開業すると、ターミナルが有する集客力もあり、キタエリアは繁華街として急速に発展していった。すなわち、キタは交通網の整備とともに発展を遂げた繁華街なのである。何もない土地だったからこそ、近代的な開発の余地が十二分にあったともいえる。

実際、キタとミナミの商業施設の分布を見ると、キタには阪急百貨店やグランフロント大阪、ディアモール大阪など大規模な商業施設が独立して分布しているが、ミナミに見られるような商店街は形成されていない。キタにおける鉄道会社の開発の歴史が、キタとミナミの性質に大きなちがいをもたらしたのである。

まるでダンジョン⁉ 梅田地下街はこうして誕生した！

宝塚本線　神戸本線
京都本線

うめだ
梅田
HK 01

ビジネス街・繁華街として栄える梅田の地下には、日本最大級の規模を誇る地下街が形成されている。阪急梅田駅に直結した「阪急三番街」、阪神梅田駅・地下鉄梅田駅・JR大阪駅・JR北新地《きたしんち》駅を結ぶ「ディアモール大阪」、阪急三番街・ディアモール大阪と直結する「ホワイティうめだ」、駅のコンコースなどを通じてディアモール大阪と直結する「ドージマ地下センター」、「大阪駅前ビル地下街」などといった地下街からなり、その総面積はなんと一五万平方メートル超にのぼる。一日あたりの往来数は、じつに二〇〇万人以上に及ぶという。

「梅田の地下街を迷わず歩けたら一人前の大阪人」といわれるほどの〝迷宮〟であり、ホワイティうめだに設置されている宝くじ売り場兼案内所・夢ステーション北店には、一日に四〇〇人以上もの人が道を尋ねにやってくるという。

実際に地下街を歩いてみると、道路が斜めに交差していたり、五差路の広場があったり、はたまた二つ、あるいは三つの方向に分岐している道路があったりと、じつに複雑怪奇で

阪急三番街。1973(昭和48)年、現在の阪急梅田駅の完成に合わせて全館がオープン。阪急線、地下鉄線、阪神線の乗り換えのため、連日多くの人が通行する。

ある。

そのうえ地下街であるために目標となる建物なども存在しないので、自分がいったいどこにいるのかわからないという状況に陥ってしまうこともしばしばだ。

いったいどうして、梅田の地下街はこれほどまでに複雑なつくりとなってしまったのだろうか。

JR大阪駅との意外な関連性

梅田の地下街が複雑な理由、それは、JR大阪駅の駅舎が歴史的な旧市街地の外縁に対して斜めに食い込むような形で建設されたからにほかならない。

もともと大阪駅の予定地は、堂島であった（163ページ参照）。しかし堂島の人々の反対にあったため、梅田に建設されることとなった。このとき、線路の敷設ルートの関係で、市街地に対して斜めに駅が設置されたのだという。

また、駅が設置されるまで、梅田周辺の道は整備されていなかったため、斜めの駅舎に沿うようにして新たに道がつくられた。さらにそこから、周辺に向かって放射状に延伸されていった。

そんな梅田の地に初めて地下街がつくられたのは、一九二九（昭和四）年のことだった。地上八階、地下二階の梅田阪急ビル第一期工事が完了したのである。その後、一九三五（昭和一〇）年に地下鉄御堂筋線梅田駅が開業。一九三九（昭和一四）年には、公共道路の地下に阪神梅田駅が移転・開業し、本格的な地下街が形成されていった。

一九六三（昭和三八）年には、すでに完成していた地下鉄御堂筋線梅田駅と阪神梅田駅、その周辺の地下街を連結させるため、阪急百貨店を取り囲むような形で複雑な形状をしたウメダ地下センター（現・ホワイティうめだ）が完成。東西幅一三メートル、南北幅一〇・五メートルの通路の両側には、店舗が建ち並んだ。

さらには地下鉄四つ橋線西梅田〜大国町間の開業（一九六五年）に合わせて一九六六（昭和四一）年、堂島地下センター（現・ドージマ地下センター）が完成し、地下鉄西梅田駅のコンコースを通じて国鉄（現・ＪＲ）大阪駅、阪急梅田駅、阪神梅田駅、地下鉄梅

ディアモール大阪。カジュアルストリート、ファッショナブルストリート、マーケットストリート、バラエティストリートからなり、乗り換え客のほか、多くの買い物客が集う。

田駅と堂島・肥後橋方面とが地下で結ばれることとなった。

一九七三（昭和四八）年には、阪急梅田駅の地下に阪急三番街が完成。地下二階に川が流れるという、世界初の地下街がお目見えした。一九九五（平成七）年には、阪神電鉄、阪神百貨店、大丸の三社により、ダイヤモンド地下街（現・ディアモール大阪）が完成した。延床面積約二万一〇〇〇平方メートルという大規模な地下街に、約八〇の店舗と三四〇台の自動車を収容できる駐車場が設けられた。

これらの地下街は、JR大阪駅に合わせて整備された道の下に形成された。そのため、地上同様、複雑な形状を持つ地下街が誕生してしまったのである。

神戸一の繁華街「東門筋」のカーブはかつての競馬場の跡!?

神戸本線

こうべさんのみや
神戸三宮
HK 16

神戸三宮駅を降りて西へ二、三分ほど歩くと、東門街へとたどり着く。神戸の夜の顔ともいえる華やかな歓楽街であり、居酒屋やバー、カラオケ店など数多くの店がずらりと建ち並んでいる。正式名称は生田《いくた》東門商店街。すぐそばに鎮座する生田神社東門の門前に形成されていることから、その名で呼ばれる。

東門街のメインとなる通りが、生田神社の東側を南北に走る東門筋。四〇〇メートルほどの通りで、緩やかなS字カーブを描いているのが最大の特徴だ。繁華街といえばまっすぐ延びる通り沿いに形成されることが多いが、なぜ東門筋はS字カーブになっているのだろうか。

じつはこのS字カーブは、現在の繁華街の姿からは想像もつかないような意外な場所の名残なのである。それは、なんと競馬場。

現在は夜の街として賑わう東門街の地で、かつては多くの日本人や外国人が競馬のレースを見て熱狂していたのである。

東門筋周辺図

東門筋
飲食店が建ち並ぶ東門筋は緩やかなカーブを描いている。これは、かつてこの場所に競馬場があった名残。競馬場がひょうたん型につくられたため、それに合わせて道路もカーブ状に整備された。
生田神社
生田警察署
地下鉄西神・山手線
神戸本線
神戸三宮
0
50m

当時の競馬場の様子。外国人の社交場として盛り上がりを見せた。

HIGASHIMON
東門街

１８７８（明治１１）年に兵庫レースクラブ主催の競馬場は廃止となる。その跡地は開発され、現在は東門街となっている。

外国人たちの社交の場

神戸で初めて競馬が開催されたのは、一八六八(明治元)年一二月二五日のことだった。当初は外国人居留地にあった砂利道のような場所で行なわれたが、一八六九(明治二)年三月に外国人の競馬クラブ・Hiogo Race Club(兵庫レースクラブ。その後、兵庫大阪レースクラブと改称)が結成されたのを契機とし、本格的な競馬場を建設する運びとなった。そうして同年一〇月、生田神社の東、五一一三坪あまりの土地に設けられたのが、約一・一キロメートルのコースを持つ競馬場だった。一八七二(明治五)年に描かれた神戸の地図『摂州神戸山手取開図』を見ると、生田神社の東にひょうたん形をした競馬場が見え、神社と競馬場の間の道がS字にカーブしていることがわかる。このS字カーブ部分が、現在の東門筋である。

一八六九年一一月に第一回レースが開催されたのを手はじめとし、以降、春と秋の年二回、二、三日かけて神戸杯や中国杯など賞金のかかった様々なレースが行なわれるようになった。多いときで、一日に一八レースも行なわれたという。また、現代の競馬と同様、馬券を買うこともできたようだ。ただ現代と異なるのは、サラブレッドではなくポニーを走らせていた点である。

『摂州神戸西洋人馬駆之図』。１８６９(明治２)年１１月、記念すべき第１回目のレースが行なわれ、盛況を極めたが、わずか５年で廃止となった。

競馬場は日本に在留した外国人の恰好の娯楽となり、競馬が開催される日には事務所や店をわざわざ休みにして観戦に行ったと伝わる。

競馬場内には日本人専用の観覧場も設けられ、押し寄せる神戸市民の数に外国人も度肝を抜かれたという。

だが、神戸の競馬場は長続きしなかった。一八七四（明治七）年、神戸に鉄道が開通すると、ポニーを足として利用する必要がなくなり、優秀な競走馬が不足するようになった。さらには人口増に伴う神戸市街地の拡大、借地権料の問題など経営上の問題が積み重なり、一八七八（明治一一）年一一月、競馬場はその役割を終え、幕を閉じた。

相川駅前は「田園調布」を真似てつくられた!?

京都本線

あいかわ
相川
HK 65

京都本線・相川駅は、新京阪鉄道時代の一九二八（昭和三）年一月一六日、吹田町駅として開業した。名の通り、吹田町（現・吹田市）の玄関口としての役割を担った。その後、一九三〇（昭和五）年に京阪吹田駅、一九四三（昭和一八）年に吹田東口駅と改称し、一九五四（昭和二九）年、現在の駅名となった。

相川という駅名は、駅近くを流れる安威川《あいかわ》にちなむものである。その安威川にかかる橋には「新京阪橋」という名称がつけられており、新京阪鉄道の駅だった頃の名残をいまに伝えてくれている。

相川駅周辺には、新京阪橋のほかにも、新京阪鉄道時代をしのぶことができるものが残されている。それが、駅前から広がる放射状の住宅街だ。駅のホームに立つと、駅を中心に道路が放射状に配されている様子をうかがうことができる。

なぜこの場所が放射状となっているのか。じつはここは、かつて新京阪鉄道が吹田町駅を開業するにあたり、東京の田園調布《でんえんちょうふ》を参考にして開発したところなのである。

放射状の道路が整備された神崎川経営地

新京阪鉄道が、吹田町駅を中心とし、現在の相川地区一帯を神崎川経営地として造成、分譲したのは、一九二八（昭和三）年のことだった。このとき、新京阪鉄道が参考にしたのが、一九一八（大正七）年に田園都市株式会社が現在の東急田園調布駅西側に分譲した田園調布だった。駅を中心として放射線状、環状に道路が整備され、一区画一〇〇～五〇〇坪に区画された田園調布は、当時、高級住宅地として話題を集めていたためである。

安威川に架かる「新京阪橋」。新京阪鉄道時代の名残だ。

造成された神崎川経営地を売り出すにあたり、新京阪鉄道は住宅地の購入契約を締結してから半年以内に家屋を建築した人に対して、一年間の無賃乗車券をサービスするという特典をつけた。

ところが、神崎川経営地の販売状況は思わしいものではなかった。一九三四（昭和九）年に発行された『京阪電車神崎川住宅経営地』（113ページ図参照）を見ると、分譲地がまったく売れていないことがわかる。

これに対して京阪電鉄（一九三〇年に新京阪鉄道を吸収合併）が取った施策が、学校誘致だった。学校が建設されれば、当然、学生による乗車客数の増加が見込める。それに加え、地域一帯の文化的向上と住宅地のイメージアップも期待できる。そうすれば、必然と住宅地の販売売り上げ増につながると考えられたのである。

一九三三（昭和八）年、大阪高等成蹊《せいけい》女学校（現・大阪成蹊女子高等学校）が、一九三七（昭和一二）年、日本大学大阪専門学校付属中学校（現・大阪高等学校）が神崎川経営地に建設されることとなった。こうして、現在へとつながる相川駅一帯の町並みが完成したのであった。

なお、一九三七年時点の京阪のパンフレットを見ると、そこには「駅を中心とする放射道路と、随所に設けられた小公園の緑樹はこの住宅地の誇りとするところであります～（中略）～経営地内に大阪中学校、成蹊女学校があります」と、販売上のＰＲ要素のひとつとして学校が利用されていたことがわかる。

相川駅ホームから見た駅前の風景。道路が放射状に延びている様子を確認できる。

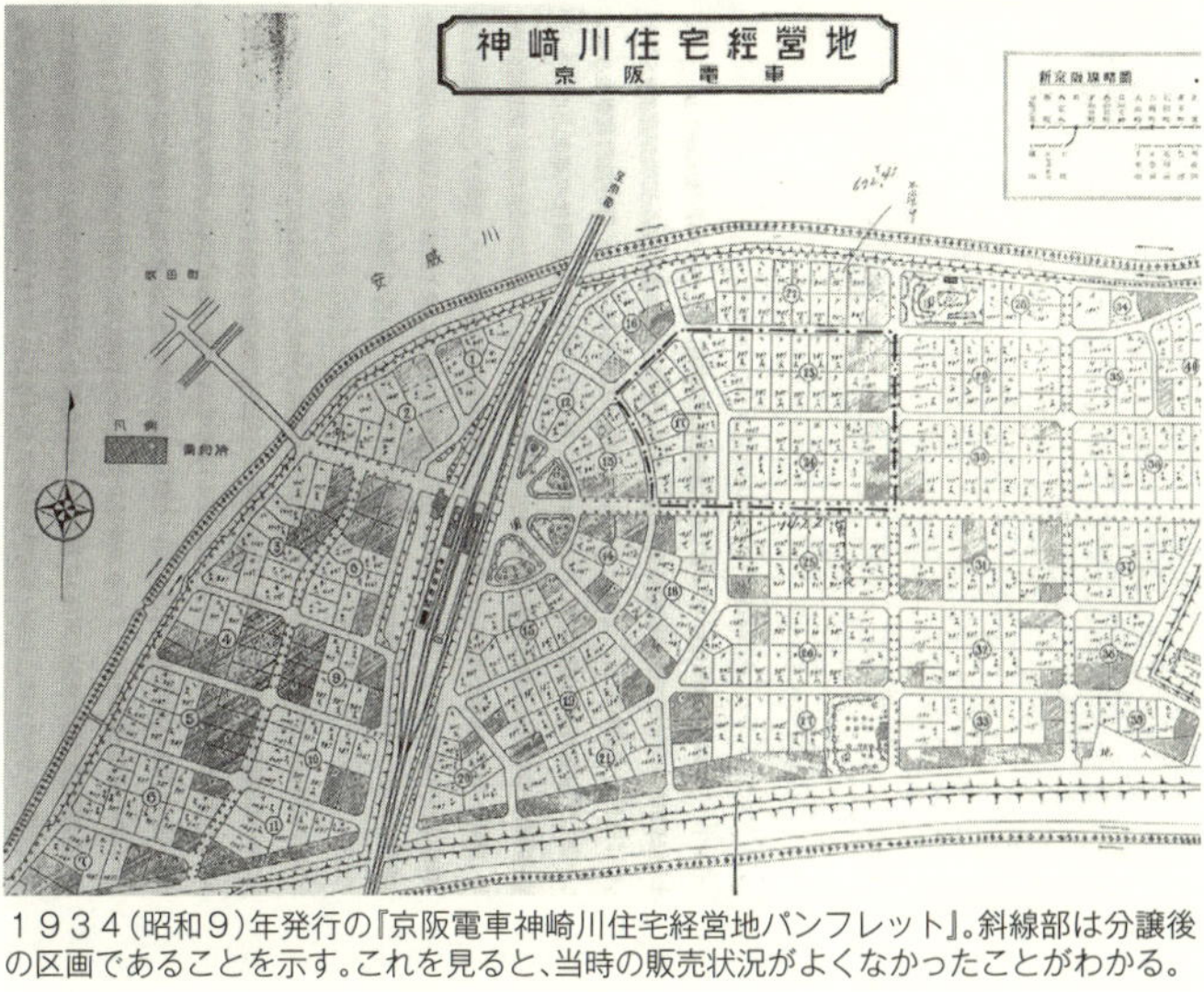

１９３４（昭和９）年発行の『京阪電車神崎川住宅経営地パンフレット』。斜線部は分譲後の区画であることを示す。これを見ると、当時の販売状況がよくなかったことがわかる。

兵庫県道四二号にはもともと鉄道が走る予定だった!?

神戸本線

むこのそう
武庫之荘
HK 07

神戸本線・武庫之荘駅は、一九三七（昭和一二）年一〇月二〇日に開業した。駅名は、近くを流れる武《む》庫《こ》川《がわ》に由来する。武庫川駅としなかったのは、当時すでに阪神電鉄の武庫川駅（一九〇五年四月開業）があったためであろう。

時を同じくして、駅の北側には阪急の武庫之荘住宅地が分譲された。現在、高級住宅街として知られる一帯である。当初は、「武庫ノ荘」と表記されていた。しかしこの字面を見た小林一三が、「漢字と仮名を混用するのはよくない」と言ったため、現在の漢字表記の名に改められたと伝わる。

武庫之荘駅の西側には、尼崎市と宝塚市を結ぶ兵庫県道四二号が南北に走っている。一日に三万台近くもの自動車が通行する道路であるが、じつは、もともとこの道路は、自動車用として敷設されたわけではなかった。

それでは、いったい何が走る予定だったのか。阪神電鉄系の宝塚尼崎電気鉄道（以下、尼宝《あまほう》電鉄）の電車である。

兵庫県道４２号西大島交差点。当初、ここには尼宝電鉄の列車が走る予定だったが、自動車道へと変更された（写真：Hirojin taja）。

時は、大正時代にまでさかのぼる。

大正時代に入り、郊外地に住居を求める人の割合が増えるなかで、郊外地と都市部を結ぶ鉄道が、各地に建設されるようになった。

そのような状況下、尼宝電鉄が目をつけたのが、武庫川左岸だった。当時、武庫川右岸には一九二一（大正一〇）年に開通した阪急の西宝線（現・今津線）があったが、武庫川左岸を南北に結ぶ路線は存在していなかったためである。

そこで尼宝電鉄は、一九二二（大正一一）年、阪神・出屋敷《でやしき》駅から宝塚間の路線敷設免許を申請し、翌年、免許を取得した。

一九二六（大正一五）年、いよいよ路線敷設工事がはじまった。

鉄道敷設予定地が日本初の自動車専用道路へ

しかし、尼宝電鉄の計画は、志半ばにして頓挫《とんざ》してしまうことになる。その要因となったのが、起点駅の変更だった。

尼宝電鉄は敷地の買収に取り掛かる一方、起点駅を出屋敷から尼崎へと変更し、阪神尼崎駅と相互乗り入れするよう、路線敷設の計画変更を申請した。

これを受けて尼崎市は、一九二七（昭和二）年、尼崎駅の高架方式への変更を尼宝電鉄に命じた。

高架化を実現するには、当然、多額の建設費が必要となる。しかし当時の尼宝電鉄の経済状況では、とてもではないがそれに対応することができなかった。

そこでやむを得ず、尼宝電鉄は鉄道予定敷地を舗装して自動車専用道路とし、そこに乗合バスを走らせる計画へと変更。一九二九（昭和四）年、自動車専用道路新設願いを申請し、一九三一（昭和六）年、認可を得た。そして同じく阪神電鉄系列の阪神国道自動車株式会社（阪国バス）と合併して尼宝自動車株式会社（尼宝バス）を設立。一九三二（昭和七）年一二月一五日、阪神国道西大島停留所から尼崎市域の安倉《あくら》、小浜《こはま》停留所を経て、宝塚歌劇場前へと至るバス路線を開通させたのであった。

当時、この道路は関西初の自動車専用有料道路として話題を集めたが、戦時中の一九四二（昭和一七）年四月二日、国家総動員体制のもと、輸送力増強の一環として県道に編成されることとなり、いまに至る。

一九八一（昭和五六）年一〇月、国道一七六号歌劇場前交差点東側の道路の下に、尼宝電鉄・宝塚歌劇場前駅のプラットホームを結ぶ地下通路があることが判明し、話題を集めた。

なお当時、この尼宝電鉄の計画は阪急の地盤である宝塚への進出を図るものであったことから、阪急ではこれに対抗すべく、伊丹線の両側を延伸し、宝塚～尼崎間の鉄道路線を計画した。しかし尼宝電鉄の路線敷設計画が立ち消えとなったため、阪急伊丹線の延伸計画も、実現することはなかった。ただ、阪急はその後も免許を持ち続け、失効されたのは二〇〇五（平成一七）年三月二三日のことだった。

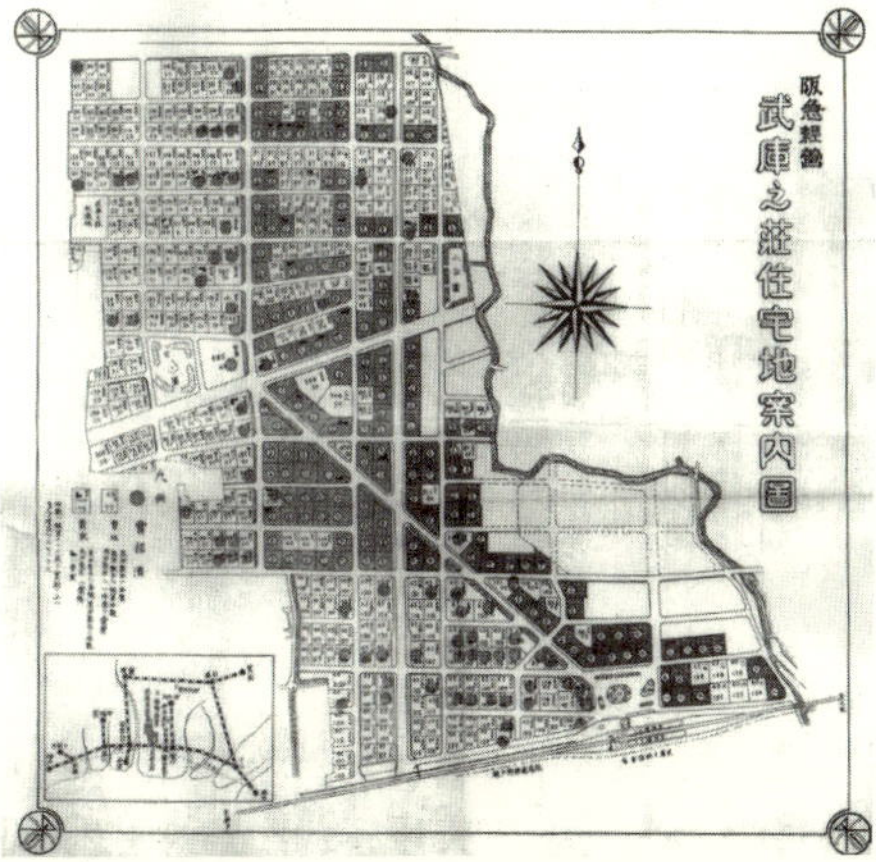

武庫之荘駅の開業に合わせて、阪急は武庫之荘住宅地を開発、分譲した。現在も、駅の北西には整然とした区画が残る。

マンションが建ち並ぶエリアにはかつて「温泉」があった!?

今津線
たからづかみなみぐち
宝塚南口
HK 28

今津線・宝塚～宝塚南口間に流れる武庫川の右岸一帯は、現在、マンションが建ち並ぶ住宅街となっている。しかし駅近辺に存在する湯本町という町名からもわかるように、かつては温泉街として大いに賑わいを見せた場所だった。

宝塚が湯の町であったことはもはや忘れ去られようとしているが、温泉街はなぜ住宅街へと変貌を遂げたのか。その変遷を見ていこう。

宝塚温泉の歴史は古く、すでに鎌倉時代には「小林湯《おばやしのゆ》」「塩尾湯《しおのおのゆ》」という温泉が開かれていたようだ。鎌倉時代の公家・歌人の藤原光経《ふじわらのみつつね》の歌集『光経集』に収められている「旅人の　行き来の契り　結ぶとも　忘るな我を　我も忘れじ」という歌は、一二二三（貞応二）年に小林湯を訪れた光経が土地の遊女に贈ったものだという。しかしこれらの温泉は、中世、戦乱が打ち続くなかで衰微してしまうことになる。

その後、宝塚が温泉街として再び活況を呈するのは、明治に入ってからのことだった。一八八四（明治一七）年、武庫川右岸に湧く水が飲料・浴用ともに適する最上の鉱泉であ

『近畿名勝写真帖続』（１９０１年刊）より宝塚温泉。この頃は武庫川の右岸（写真奥）に温泉街が形成されていた。

ることを知った小佐治豊三郎《こさじとよさぶろう》という人物が温泉場の開設を決意。一八八七（明治二〇）年、宝塚温泉を開業させたのである。温泉場は、泉源地である現在の若水《わかみず》の地にあった。温泉の開業に合わせて分《ふん》銅屋《どうや》、桝屋《ますや》、弁天楼《べんてんろう》、小宝屋《こだからや》の四軒の旅館も開業したが、入浴場は宝塚温泉だけだったため、旅館に宿泊した客はこぞって宝塚温泉を利用した。

しかし当時はまだ武庫川に橋が架けられておらず、交通の便が悪かったために客足は思うようには伸びなかった。

温泉街から住宅街へ

そんな宝塚温泉が一躍観光地として注目を集めるようになったのは、一八九七

（明治三〇）年に阪鶴《はんかく》鉄道宝塚駅（現・JR宝塚駅）が開業してからのことだった。こうして宝塚と大阪が鉄道で結ばれるようになると、大阪からの観光客が急増し、新たな旅館、料亭が建ち並ぶようになった。

さらに一九一〇（明治四三）年に箕面有馬電気軌道宝塚駅（現・阪急宝塚駅）が開業し、武庫川左岸に宝塚新温泉がつくられると、宝塚温泉は旧温泉と呼ばれるようになり、新温泉と切磋琢磨しながら発展。『摂北温泉誌』によると、一九一四（大正三）年には約三〇軒もの旅館に加え、料亭、芸妓置屋《げいぎおきや》、雑貨商、洋酒商、八百屋、菓子屋などが軒を連ねていたという。文字通り一大温泉街が形成されていたのである。

一九二一（大正一〇）年に西宮北口〜宝塚間を結ぶ阪急西宝線（現・今津線）が開通すると、神戸と鉄道で結ばれた宝塚はますます温泉街として発展することとなった。

一九二六（大正一五）年五月には、宝塚旧温泉の温泉浴場を経営する株式会社宝塚温泉の代表・平塚嘉右衛門と阪急との共同出資によって、宝塚南口駅前に宝塚ホテルが開業した。

戦後も、宝塚は温泉街として順調に発展を遂げた。一九七一（昭和四六）年の時点で、武庫川左岸に二一、武庫川右岸に二九、計五〇の宿泊施設を擁するほど、大いに賑わいを見せた。

古くから温泉街として栄えていた宝塚であるが、いまではその面影はほとんどない。

　しかし、温泉施設の老朽化に加え、交通の発達に伴って長距離旅行が一般的になると、観光客は地方の温泉街へと足を向け、宝塚の温泉街は徐々に衰退を余儀なくされた。一九八二（昭和五七）年には、宿泊施設は三二にまで減少し、とくに右岸の宿泊施設は一四と半減してしまう。跡地には代わってマンションが建ち並ぶようになった。このときすでに宝塚歌劇団のおかげで全国的に知られていた「宝塚」というブランドのもと、住宅開発が行なわれていったのである。その後も宿泊施設の廃業は後を絶たず、現在、温泉を引く施設はホテル若水とナチュールスパ宝塚のみ。こうして宝塚は、温泉街から住宅街へと、すっかりその姿を変えてしまったのであった。

鉄道開業とともに開発された寺社へと通じる参道

宝塚本線

なかやまかんのん
中山観音

めふじんじゃ
売布神社

きよしこうじん
清荒神

HK 53　HK 54　HK 55

開業当時、人家のない山麓地帯を中心に路線を敷かざるを得なかった阪急は、沿線に観光施設や住宅地、商業施設、学校などを開発、誘致し、乗客数を増やすという手法を取った。そのなかにあって、宝塚本線・中山観音駅、売布神社駅、清荒神駅は、古来、人々の信仰の篤い神社・仏閣の最寄り駅として設置された。中山観音駅と清荒神駅の開設は箕面有馬電気軌道梅田〜宝塚間の開業と同じ一九一〇（明治四三）年三月一〇日、売布神社駅の開設は一九一四（大正三）年三月二一日のことだった。

中山観音駅のすぐ北側に位置する中山寺《なかやまでら》は、聖徳太子が開基したと伝わる日本最古の観音霊場である。しかしこれはあくまでも伝説に過ぎず、史料上に登場するのは平安時代になってからだといわれる。ただ、この頃にはすでに西国巡礼の聖地として広く知られていたようだ。当時は、いまよりも北の山腹にあったというが、戦国時代の戦乱で焼失。現在地で再建され、いまに至る。

本尊の十一面観音菩薩は安産のご利益があると知られ、古くは豊臣秀吉も世継ぎを授かるため、中山寺を詣でたと伝わる。こうして淀君《よどぎみ》との間に授かったのが、秀頼《ひでより》だ。いまも安産祈願で同寺を訪れる人は多い。

売布神社駅の西北約三〇〇メートルのところに鎮座する売布神社は、六一〇（推古天皇一八）年、推古天皇の発願により創建されたと伝わる古社である。祭神は、衣食住の神・下照比売《したでるひめ》とその夫・天稚彦《あめのわかひこ》。生活に根ざした神であることから、いまも地域の人々からの信仰は篤い。

清荒神駅の北約一キロメートルのところにある清荒神清澄寺《せいちょうじ》は、八九六（寛平八）年、時の宇多《うだ》天皇の勅願により開基されたと伝わる。境内に勧請した三宝荒神尊の霊験に感銘を受けた宇多天皇が「日本第一清荒神」との称号を下賜したため、清荒神という名が起ったという。

荒神は火の神、竈《かまど》の神であり、火除けのご利益がある。そのため古来、同寺を参拝し、いただいたお札を台所の神棚に祀るという信仰が根づいている。

鉄道の開業とともに発展を遂げた参道沿い

これら三寺社の特徴は、山腹に祀られている点にある。いまも各駅の北側には「巡礼街道」と記された道標があるが、かつて三寺社を信仰する人々は、山道を歩いて寺社参拝を行なっていた。

その参拝スタイルが大きく変貌を遂げるのは、鉄道開業後のことである。それぞれの寺社への最寄りとなる駅が設置されたことに伴い、人々は駅から各寺社へと向かうようになったのだ。

そうしたなかで整備されていったのが、駅から寺社へと続く参道である。多くの人が利用することから、参道の脇には参拝客を目当てとした店が建ち並ぶようになった。いまでも、駅前から続く参道には店や露店などが建ち並ぶ姿を見ることができる。

中山観音駅から続く参道には、中山寺のご利益に合わせ、安産祈願のさらしを扱う商店が見られるのが特徴的だ。

清荒神駅は清荒神清澄寺の参道と直結しており、駅前から清荒神清澄寺まで、じつに一〇〇以上もの商店が軒を連ねる。仏具店や飲食店、履き物屋、佃煮屋などじつにバラエティ豊かで、参道を歩くだけでも楽しい雰囲気を味わうことができる。

一方、売布神社駅から中山山頂へと至る一帯には、戦後、住宅街が形成された。一九九九（平成一一）年一〇月には、駅の南側にスーパーや映画館などを備えた複合商業施設・ピピアめふがオープンした。

中山寺。西国三十三ヵ所観音霊場として多くの人の信仰を集める。

中山観音駅から中山寺へと続く参道。飲食店や土産物屋などが建ち並ぶ。

売布神社。６１０年に創建された歴史ある古社。平日は人気がなく、境内は静まりかえっている。

売布神社駅の南には、ショッピングセンターやマンションなどが建ち並ぶ。

清荒神清澄寺。毎月２７、２８日には三宝祭が行なわれ、多くの参拝客で賑わう。

清荒神駅から清荒神清澄寺へと続く参道には商店街が形成されており、休日は参拝客でにぎわう。

第四章

一度は行きたい！沿線おもしろスポット

三宮以外にも一宮から八宮までが存在する!?

神戸本線

こうべさんのみや
神戸三宮

HK 16

神戸市最大の繁華街・三宮《さんのみや》に位置する神戸三宮駅は、一九三六(昭和一一)年四月一日、神戸本線の神戸市内への延長に伴い、開業した。当初の駅名は神戸駅だったが、一九六八(昭和四三)年に三宮駅と改称。二〇一三(平成二五)年一二月二一日、神戸の中心であることを明確にするため、現在の駅名となった。

三宮には現在、七路線六駅もの三宮駅がある(阪急と阪神は神戸三宮駅、JRは三ノ宮駅)。このうち、もっとも早く開業したのはJR三ノ宮駅で、一八七四(明治七)年五月一一日のことだった。当時は現在の元町駅付近に駅舎があり、近くにあった三宮神社にちなんで駅名がつけられた。じつはこのとき、三宮という地名はまだ存在しなかった。三宮が正式な町名となるのは一八七八(明治一一)年のことである。

駅名や町名の由来となった三宮神社は、神戸市営地下鉄海岸線の旧居留地・大丸前駅の近くに鎮座している。神戸三宮駅からは徒歩で一〇分ほどのところだ。

前述のように、三宮神社の名称は地名に由来するものではない。それでは、なぜ「三

神戸市内に点在する一宮～八宮神社

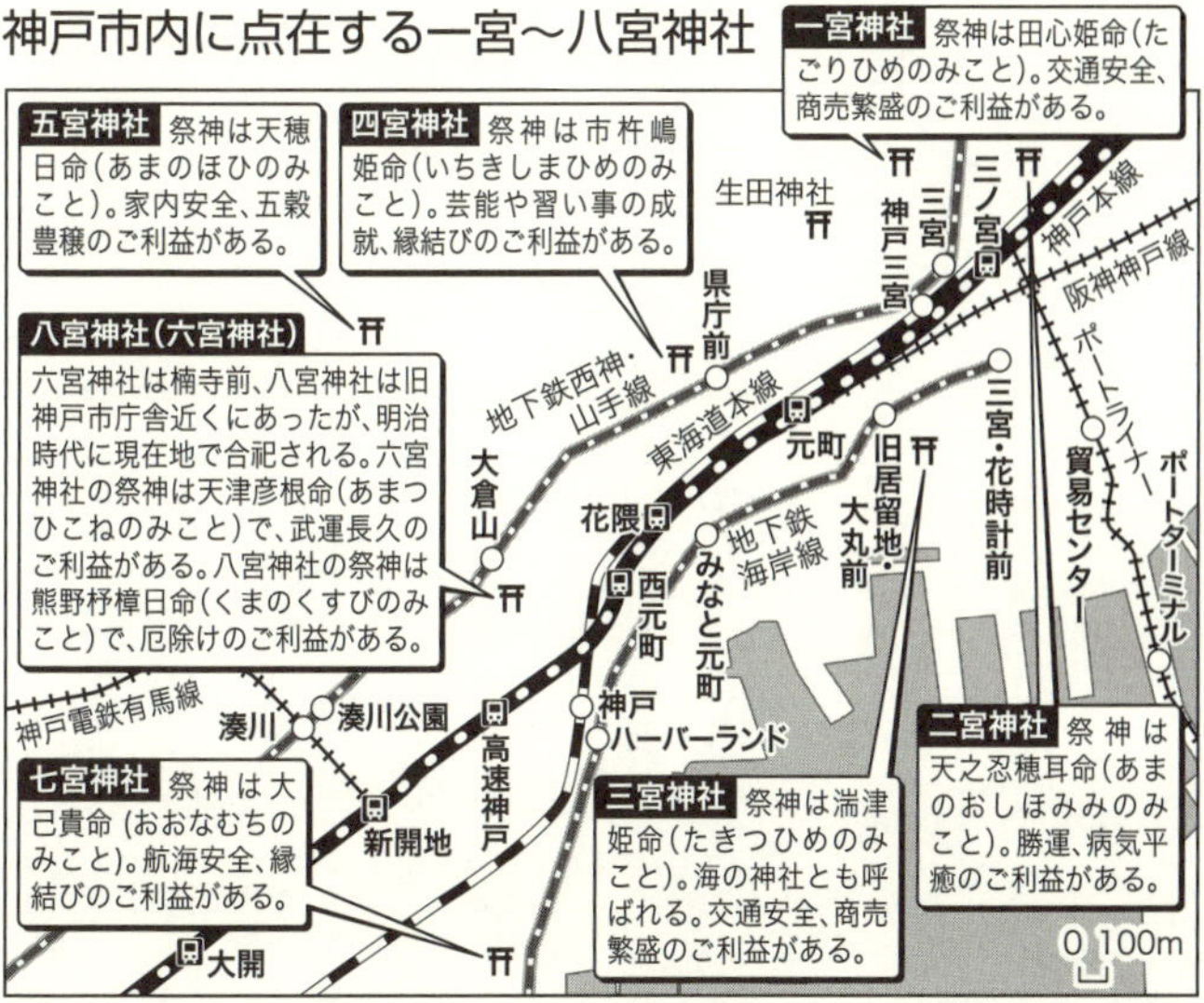
一宮神社　祭神は田心姫命(たごりひめのみこと)。交通安全、商売繁盛のご利益がある。
五宮神社　祭神は天穂日命(あまのほひのみこと)。家内安全、五穀豊穣のご利益がある。
四宮神社　祭神は市杵嶋姫命(いちきしまひめのみこと)。芸能や習い事の成就、縁結びのご利益がある。
八宮神社(六宮神社)
六宮神社は楠寺前、八宮神社は旧神戸市庁舎近くにあったが、明治時代に現在地で合祀される。六宮神社の祭神は天津彦根命(あまつひこねのみこと)で、武運長久のご利益がある。八宮神社の祭神は熊野杼樟日命(くまのくすびのみこと)で、厄除けのご利益がある。
七宮神社　祭神は大己貴命 (おおなむちのみこと)。航海安全、縁結びのご利益がある。
三宮神社　祭神は湍津姫命(たきつひめのみこと)。海の神社とも呼ばれる。交通安全、商売繁盛のご利益がある。
二宮神社　祭神は天之忍穂耳命(あまのおしほみみのみこと)。勝運、病気平癒のご利益がある。
生田神社
三ノ宮
三宮
神戸三宮
神戸本線
阪神神戸線
県庁前
地下鉄西神・山手線
東海道本線
ポートライナー
三宮・花時計前
元町
旧居留地・大丸前
貿易センター
ポートターミナル
大倉山
花隈
地下鉄海岸線
みなと元町
西元町
神戸
ハーバーランド
神戸電鉄有馬線
湊川
湊川公園
高速神戸
新開地
大開
0 100m

生田神社。一宮～八宮神社は生田神社の裔宮《えいきゅう》であるといわれる。

宮」という名がつけられるようになったのか。そのヒントとなるのが、神戸市内に存在する一宮から八宮までの八社である。

平安時代初期から鎌倉時代初期にかけて、それぞれの国のなかで一番格が高い神社を一宮とする社格制度が成立したことはよく知られている。以下、二宮、三宮、四宮と続く。三宮神社の場合もそうなのだろうと思っている人は多いが、じつはこの社格制度とはまったく関係がないという。その歴史は古く、二〇一年にまでさかのぼる。

一四代仲哀《ちゅうあい》天皇の后・神功《じんぐう》皇后は、亡くなった天皇に代わり、身重の身ながらも新羅《しらぎ》、百済《くだら》、任那《みまな》の三国を平定した。その帰途のことである。敏馬《みぬめ》の浦（現・神戸港）で神託を受け、生田《いくた》神社を創建した皇后は、生田神社の周辺に鎮座し、天皇家に縁ある神々を祀る神社を巡拝したと伝わる。これを受け、皇后が参拝した順番がそれぞれの神社の名称となったのだという。つまり三宮という名称は、神功皇后が三番目に巡拝した神社という意味でつけられたものなのである。

神功皇后が巡拝したことにちなむ八つの神社は、いまも生田神社を取り囲むようにして存在する。江戸時代には、節分の日に八社を順番通りに参拝すると厄除けのご利益を授かれるとして「厄除け八社巡拝」が盛んに行なわれていたという。その風習は現代にまで受け継がれ、いまも多くの人が霊験を求めて八社に足を運んでいる。

一宮神社(山本通１丁目)。「八社巡拝」の際は、まずこの神社から参拝する。

「三宮」の地名の由来となった三宮神社(三宮町２丁目)。八社のなかでもっとも港に近く、古来、航海安全の神として信仰を集めた。

ホームに木が！どうしてこんなことに!?

宝塚本線・服部天神駅の梅田方面行きのホームに初めて降り立った人は、思わず我が目を疑うにちがいない。大きなクスノキが一本、ホーム上にどっしりと生えており、しかも幹が屋根を突き抜けているのである。じつは、このクスノキはただの木ではない。駅近くに鎮座する服部天神宮のご神木なのだ。どうして服部天神宮のご神木が駅のホームにあるのか。それは、もともと駅が服部天神宮の境内を利用してつくられたためだ。

服部天神宮の由緒によると、神社の歴史は古代、機織《はたおり》の技術を日本に伝えた秦氏《はた》がこの地に小さな祠《ほこら》を建て、信仰していた医薬の神・少彦名命《すくなひこなのみこと》を祀ったことにはじまると伝わる。その後、一〇世紀初頭、大宰府《だざいふ》に下る途中に脚気《かっけ》に悩まされた菅原道真《すがわらのみちざね》が祠を詣でて足の病を快癒したという由縁から、道真の死後、新たな社殿を建立し、道真（天神）を祭神として合祀。このことから、同社は服部天神宮と呼ばれるようになった。

服部天神宮には、道真が足の病を癒したという噂を聞きつけた人々が全国から参詣に訪れるようになり、やがて門前町が誕生。同地は能勢《のせ》街道の宿場町でもあったことから、江

服部天神駅ホームを貫くご神木。木には神棚が設けられており、ここでお参りをすることができる。

戸時代後期には、大いに賑わいを見せたと伝えられている。

ホームにご神木があるワケ

そんな服部天神宮の様相に大きな変化が訪れたのは、一九一〇（明治四三）年のことだった。阪急の前身・箕面有馬電気軌道が服部天神宮の境内の一部を譲り受け、駅舎が設置されることになった。

このときに問題となったのが、敷地にそびえ立っているご神木の存在だった。駅を設置するためにご神木を伐採するのは恐れ多い。また、地元の人々からもご神木を残してほしいという要望が多数上がった。そこで箕面有馬電気軌道はご神木を残す形で服部天神駅をつくったのであった。以降、

足の神様として信仰を集める服部天神宮。境内には足の病が癒えたお礼として奉納された新しい草履を祀る草履堂がある。この神社ならではの特徴といえる。

ご神木は一〇〇年以上もの間、駅のなかから乗客の安全を守り続けてきた。人々もご神木を大切に敬い、毎年正月にはご神木に備えられた神棚のお札や注連縄が新しいものへと取り替えられる。八月二四日・二五日に行なわれる夏天神祭の宵宮の際には駅構内で安全祈願祭が行なわれている。また、正月の十日戎では福娘が選ばれ、近隣大学に通う留学生も参加するなど、国際色も豊かである。

なお、京阪電鉄・萱島《かやしま》駅のホームもご神木があることでよく知られているが、萱島駅の場合は神棚がホームの外に設けられている。神棚が駅のなかにあり、ホーム上でお参りすることができるのは日本でも服部天神駅だけである。

池田室町住宅地は日本初の郊外住宅地！

宝塚本線

いけだ

池田

HK 49

宝塚本線・池田駅は、一九一〇（明治四三）年三月一〇日、箕面有馬電気軌道梅田～宝塚間（現・宝塚本線）、石橋～箕面間（現・箕面線）の開業時に誕生した阪急最古の駅のひとつである。

駅の西側、室町《むろまち》地区には、呉服《くれは》神社を中心として整然とした町並みが広がる。一九一〇年六月、箕面有馬電気軌道が日本初の郊外住宅地として開発・分譲した池田室町住宅地である。

なぜ箕面有馬電気軌道は郊外地の開発に乗り出したのか。その理由は、乗客数の確保にある。すでに発展している都市間に鉄道を開通させた国鉄（現・ＪＲ）や阪神電鉄とは異なり、箕面有馬電気軌道の場合はそれらを迂回し、郊外地に鉄道を敷設せざるを得なかった。これでは乗客数は期待できず、このような場所に鉄道を敷く意味があるのかと、鉄道開業に対して懐疑的な声も上がったという。

そのような状況下、小林一三は池田～梅田間の鉄道予定線の地を実際に歩き、こう感じたという。

「こんなのどかで風景のよい場所に、なぜ大阪の人間は住みたがらないのか」

明治中期以降の近代産業の発展に伴い、大阪市内には企業や工場が相次いで建てられ、それに伴い住宅も数多く建ち並ぶようになった。しかし人口が集中する一方で、公害問題や住宅難といった都市問題が深刻化していた。

そこで小林は「健康」をキーワードとし、「郊外に住宅地をつくり、居住者を大阪市内に電車で運ぶようにすればよい」というアイデアを思いつく。そうして池田室町住宅地は誕生したのである。

実際、池田室町の住宅地を販売するにあたって発行された『如何《いか》なる土地を選ぶべきか、如何なる家屋に住むべきか』と題するパンフレットで、「美しき水の都は昔の夢と消えて、空暗き煙の都に住む不幸なる我が大阪市民諸君よ！」「出産率一〇人に対して死亡率一一人強にあたる大阪市民の衛生状態」など大阪市内の住環境の悪さを訴え、郊外地における生活がいかに健康的であるかをアピールしている。

日本初の住宅ローン

池田室町住宅地の敷地は約九万九〇〇〇平方メートルに及ぶ。箕面有馬電気軌道はまず、敷地の中央に線路と並行する幅五・二メートルの道路を敷き、これと直角に交差する幅三・七メートルの道路を一〇本敷いて一〜一〇番丁までの区画を造成した。そしてそこに、一戸あたり約三三〇平方メートルの分譲区画を設け、「天」「地」「日」「月」という四タイプの木造住宅を建設した。「天」「月」型は北側玄関、「地」「日」型は南側玄関の宅地だった。

また、敷地の中心部に会社直営の購買部や公園、果樹園、床屋、クリーニング屋、玉突台のある倶楽部などといった店舗を設置し、居住者が快適に暮らすことができるような配慮がなされた。

一九一〇（明治四三）年六月、分譲住宅二四戸の販売が開始される。価格は二五〇〇円〜三〇〇〇円。箕面有馬電気軌道はこれを、頭金二割、残りは一〇年完済の月賦《げっぷ》方式で販売した。現在の住宅ローンの先駆けである。

当時、家を所有できたのは資産家など一部の層に限られており、ほとんどのサラリーマンは社宅や借家住まいだったが、月々二〇円余の支払いでマイホームが手に入るということもあって、池田室町住宅地は瞬く間に完売した。

その後も造成は続けられ、最終販売期とされる一九一五（大正四）年までに、計二二七区画が販売された。

京都本線

とんだ
富田

HK 71

戦国時代の富田は大名並の勢力を誇っていた⁉

大阪府高槻市南部に位置する京都本線・富田駅は、一九二八（昭和三）年一月一六日に開業した。当時は駅の所在地にちなんで富田町駅と命名されたが、一九五七（昭和三二）年七月一日、富田町は高槻市に編入。それに伴い、現在の駅名へと改称された。

駅が設置されている富田は、かつて寺内町（浄土真宗の寺院を中心に計画的に形成された集落のこと）として発展を遂げた地域だった。その中心を担ったのが、教行寺《きょうぎょうじ》である。

もともと富田一帯には、大規模な荘園が形成されていた。平安中期の公卿・藤原師輔《ふじわらのもろすけ》が子の尋禅《じんぜん》に荘園を譲る際に下した九六一（応和元）年六月五日付の譲状に「摂津国富田荘」とあるのが、「富田」という名称の初見だといわれる。富田という地名は天皇家の御料田である「屯田《とんでん》」に由来するといわれるが、「富田」という字が意味するように、古くから豊かな田園地帯が形成されていたのだろう。

そんな富田の地に、教行寺の前身である富田道場が開かれたのは、一四七六（文明八）年一〇月頃のことだった。武士の圧迫を受け、越前吉崎《えちぜんよしざき》の地を離れざるを得なくなった浄土真宗本願寺第八世宗主・蓮如《れんにょ》が有馬郡名塩（現・兵庫県西宮市）、富田、河内国出口（現・大阪府枚方《ひらかた》市）、山科《やましな》へと遷り行くなかで開いたものだと伝わる。こうして富田道場は北摂エリアにおける浄土真宗の布教拠点となり、道場の周囲には真宗門徒が集まって寺内町が形成された。蓮如が富田の地を選んだ理由としては、この地が古代の山陽道（のちの西国街道）沿いに位置していたことに加え、京都と大坂間の淀川水系のほぼ中間点に位置し、対岸には枚方、出口、招提といった寺内町が存在していたことも注目される。

その後、富田道場は一五三二（天文元）年に勃発した細川晴元《ほそかわはるもと》と一向一揆衆との抗争の最中に焼失してしまうが、一五三七（天文六）年に再興。一五六〇（永禄三）年、蓮如の子・蓮芸《れんげい》が勅許を受け、富田道場は本願寺の隠家寺のひとつとして認められるに至った。このとき、蓮如が浄土真宗の開祖・親鸞《しんらん》による『教行信証《きょうぎょうしんしょう》』をこの地で書写したことにちなみ、教行寺と命名されたと伝わる。

一大勢力を誇っていた戦国時代の富田

戦国時代を通じて、富田の寺内町は国人領主らと対等に渡り合えるほどの一大勢力を誇っていたと伝わる。それを裏づけるのが、イエズス会の宣教師ルイス・フロイスの書状である。

一五六九（永禄一二）年、フロイスは堺《さかい》から京都へと向かう途中、富田の寺内町に宿泊した。このときのことを、次のように書き記している。

「永禄一二年三月二六日、一向宗派のトンダジナイと称する地に着きたり。坊主の僧院なるが、同所にては短日内に生命を消耗する一種の疫病のため、一〇〇〇人余死したるをもって、我らは僧院外の旅館に宿泊せり」

すなわち、当時の富田には一〇〇〇人以上もの死者を出すほどの人が住んでおり、また、寺内町の外部にも旅館が形成されるほどに発展を遂げていたことがわかる。

しかし江戸時代に入ると、富田の姿は大きく変貌した。寺内町としての特権を失ったばかりか、西国街道の整備に伴い、宿場町としての機能も芥川《あくたがわ》宿へと移行してしまったのである。それでも、江戸時代初期には紅屋《べにや》を中心として酒造業の町として発展するが、江戸時代中期には伊丹《いたみ》、灘《なだ》、池田などの地域の酒造業に押され、衰退を余儀なくされた。

一九二四（大正一三）年に国鉄（現・JR）摂津富田駅が、一九二八（昭和三）年に富田町駅（現・富田駅）が開業すると、富田の町はまた大きく姿を変えることとなるが、いまも教行寺周辺にはかつての寺内町の名残である外部からの侵入を防ぐための街路形態が残っており、往時の面影をいまに伝えてくれている。また、現在でも二軒の酒造家が、江戸時代当時の伝統的な製法によって地酒を守り続けている。

富田に残る寺内町の名残

127
摂津富田
JR東海道本線
京都本線
富田
寺内町
16世紀頃、教行寺を中心として寺内町が形成される。外部からの侵入を防ぐための街路形態などが残り、往時の歴史を伝えてくれている。
132
富田町
133
富田小
普門寺
教行寺
1476(文明8)年頃に創建された富田道場を前身とする。蓮如は晩年、この寺を拠点として布教につとめたという。
0
100m

教行寺。富田の寺内町はここを中心として発展を遂げた。

初代十三橋は「ぜにとりばし」と呼ばれていた!?

宝塚本線　神戸本線
京都本線

じゅうそう
十三
HK
03

現在、新淀川に架かる十三大橋は、全長六八一・二メートル、幅二〇メートルのアーチ橋だ。一九三二（昭和七）年の完成で、機械の歯車を組み合わせた意匠が袖高欄《そでこうらん》に施されているのが特徴的である。これは、工業都市・大阪をイメージしたものだとされる。

じつは、江戸時代まで十三には橋は存在しなかった。当時は十三渡があり、渡し舟に乗って川を渡っていたのである。

明治に入ると、渡し舟の設置は京都府の監督のもと、許可制となった。一八七四（明治七）年三月には、地元の成小路《なるしょうじ》村（現在の淀川区新北野付近）の村長に渡船場設置の認可が下りている。当時の料金は、一人につき二厘、牛馬は一頭につき五厘、人力車は一輌につき二厘、駕籠《かご》は一挺につき二厘だったといい、一日に平均一円八銭の売り上げがあったという。

この地に初めて橋が架けられたのは、一八七八（明治一一）年のことだった。成小路村の村民一三人の共同出資による橋で、名称は十三橋。全長約一七一メートル、幅約三・九

十三大橋のたもとに設置された十三渡し跡の碑。かつてはこの場所に橋が架けられていなかったため、人々は渡し舟に乗って川を渡った。

メートルの木橋だった。約三五〇〇円の資金を借りてつくられた私設橋であったため、当時は橋を渡るのに通行料が必要だった。人や人力車は銅貨三厘、牛馬や荷車は銅貨四厘かかったといい、ここから十三橋は「ぜにとりばし」とも揶揄《やゆ》された。

私設橋から公の橋へ

そんな「ぜにとりばし」であるが、もともとは五年間で借用金を返済する目論見だったらしい。ところが思った以上に通行料を回収することができなかった。返済期間を三年延長してもらったものの、結局、返済は難しいということで、一八八六（明治一九）年、十三橋は大阪府が管理する橋となった。

十三大橋。橋のたもとには「十三渡し跡」と刻まれた碑が立ち、かつての渡し舟の歴史を伝えている。

その後、十三橋付近の新淀川の開削工事に伴い、橋も新しく架け替えられることとなり、一九〇九（明治四二）年五月、全長約六八三メートル、幅約五・五メートルの鉄橋が完成した。現在の十三大橋の前身である。

大正時代に入ると、大阪都市域の拡大に伴って交通網の整備が行なわれ、十三橋が架かっていた旧能勢《のせ》街道は、府県道大阪池田線へと拡幅・整備されることとなった。それに合わせて新橋の架橋工事が行なわれ、一九三二（昭和七）年、現在の十三大橋が誕生したのであった。もともとは、橋の両側を歩道、橋の中央部を市電が走るように設計がなされていたが、結局、軌道が敷設されることはなかった。

松室遺跡に掘られた謎の溝が古代京都発展の鍵を握る!?

嵐山線
まつおたいしゃ
松尾大社
HK 97

嵐山線・松尾大社駅は、駅の西側に鎮座する松尾大社の最寄り駅である。一九二八（昭和三）年の開業で、松尾神社前駅、松尾駅という駅名を経て、二〇一三（平成二五）年、現在の駅名となった。

駅を降りると、松尾大社の大鳥居が目に飛び込んでくる。松尾大社は、五世紀後半、葛野《かどの》の地に定住した渡来系の豪族・秦《はた》氏が松尾山の神・大山咋神《おおやまくいのかみ》を氏神として祀ったことにはじまると伝わる古社だ。その後、七〇一（大宝元）年、秦忌寸《はたのいみき》都理《とり》が現在地に社殿を建立し、いまに至る。

松尾大社の大鳥居を横目に府道二九号を南へ向かうと、嵐山線の東側に松尾中学校が見えてくる。この松尾中学校の下に眠っているのが、弥生時代中期から古墳時代にかけての集落跡・松室《まつむろ》遺跡である。松尾中学校の南門を入ってすぐのところに、「此附近弥生遺跡」と刻まれた碑が建つ。

松室遺跡からは弥生時代中期の竪穴式住居跡、古墳時代前期の竪穴式住居跡、古墳時代後期の掘立柱建物跡などが発掘されているが、そのなかでも注目されているのが、古墳時代に掘られた溝である。北西から南東に向かって流れるようになっており、その全長はなんと約一三〇メートル。深さは一〜一・六メートルほどあり、幅は最大で一五メートルもある巨大なものだ。

調査の結果、溝は自然に形成されたものではなく、人工的に開削されたものだということがわかっている。いったいこの溝は誰が、なんのために掘ったものなのだろうか。

桂川右岸の変貌

一説に、この溝は秦氏がつくった葛野大堰《かどのおおい》と呼ばれる灌漑《かんがい》用の水路の一部なのではないかといわれる。

古代の桂川（葛野川）は大変な暴れ川であり、たびたび洪水を引き起こしては人々を苦しめたが、一方で流域を肥沃な土地へと変えた。しかし、桂川右岸一帯は桂川よりも標高が高かったことから、桂川から直接水を引くことができず、四世紀までは容易に開発することができなかった。

そうした状況下、五世紀後半、大陸から葛野の地に移住した秦氏は、大陸由来の先進的な水利技術をもって桂川に巨大な堰《せき》（ダム）を築いた。これが葛野大堰である。川の水を

松室遺跡と葛野大堰の位置図

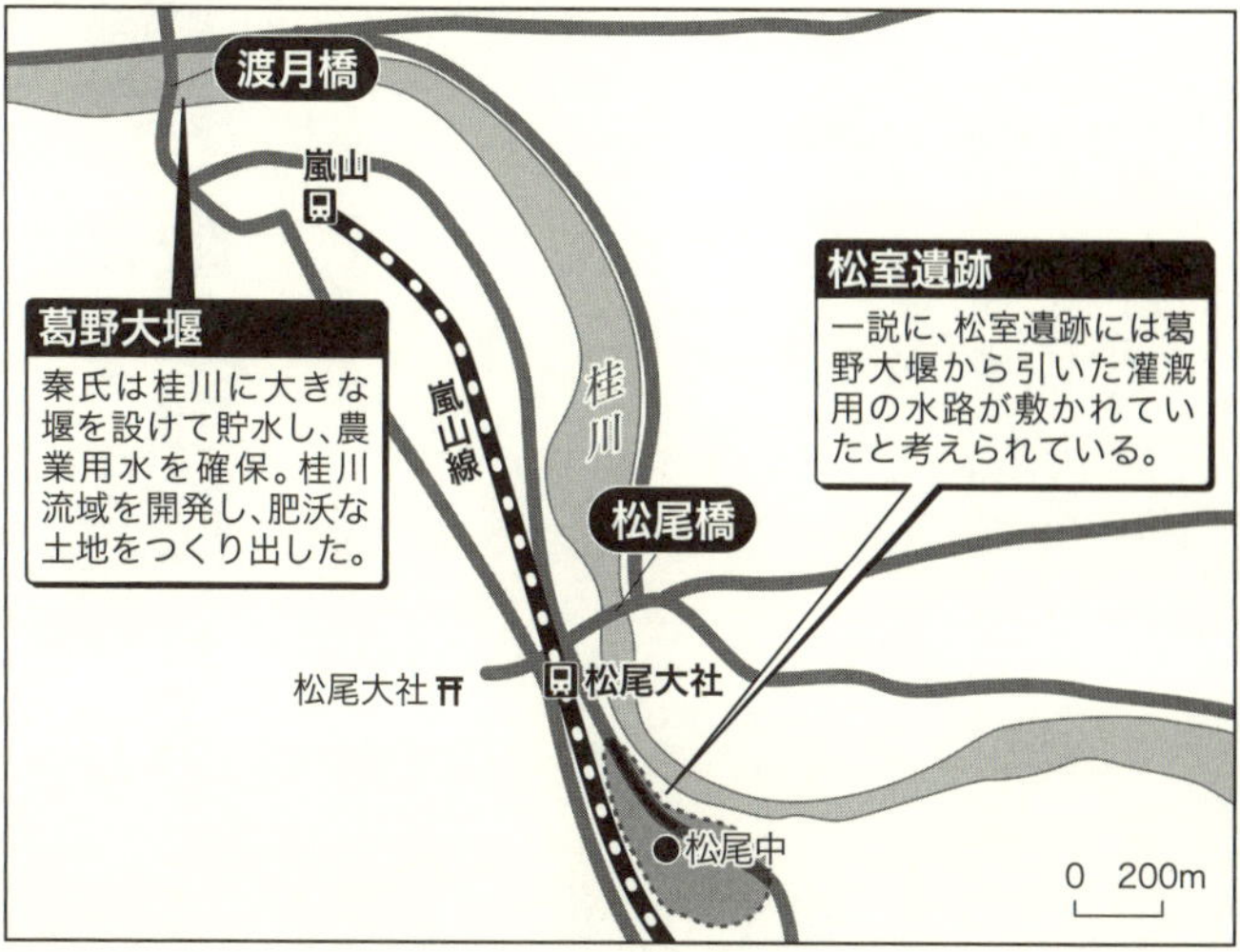

堰き止めて貯水池をつくり、そこから別の水路を設けて桂川右岸を潤す工事を施したのだ。渡月橋辺りに存在したと推定されており、桂川上流部を大堰川と呼ぶのはこれにちなむという。

このとき、松室遺跡の溝もつくられ、桂川一帯を肥沃な耕地へと変貌させる重要な役割を果たしたのではないかと考えられている。

その後、桂川一帯の豊かな耕地を支配下に置いた秦氏は、その財力をもって大いに繁栄を遂げ、平安京造営時にも大きく関与したといわれる。

つまり松室遺跡の溝は、古代京都の発展に欠かせない重要な水路であったとも見ることができよう。

あの「お台場」が阪急沿線にもあるってホント!?

京都本線
みなせ
水無瀬
HK 74

「お台場」といえば、東京の観光スポットのひとつとして知られている。テレビ局やショッピングモール、屋内遊戯施設などが建ち並び、連日多くの観光客で賑わいを見せる場所だ。もともとは、江戸時代末期につくられた砲台に由来する。本来はヨーロッパの囲郭都市の堀のなかにつくられた砲台を模したものだ。時は幕末の一八五三（嘉永六）年。アメリカのペリー提督が黒船を率いて浦賀《うらが》沖にやってきたとき、江戸幕府は黒船から江戸を守るため、江戸湾に海上砲台を築いた。そこから、砲台を築いた場所ということで「台場」という地名が生まれた。

じつは阪急沿線にも台場が存在していたことをご存知だろうか。それが、水無瀬駅の東南に設置された高浜台場である。

ペリーが来航した翌年の一八五四（安政元）年のこと。ロシアのプチャーチンが軍艦ディアナ号で大坂湾に乗り入れて天保山《てんぽうざん》沖に停泊、幕府に対して通商を求めるという事件が勃発した。当時、幕府は内海である大坂湾には外国船は乗り入れてこないだろうと高をくくり、防御施設を築いていなかった。

大いに危機感を抱いた幕府は諸藩に命じて大坂湾沿岸の守備を固めさせるとともに、商業の中心地である大坂、天皇のご在所である京都を守護するため、大坂湾の入口にあたる明石《あかし》海峡と紀淡《きたん》海峡、大坂湾の沿岸各所、さらには外国船が淀川をさかのぼって京都に侵入することを防ぐべく砲台を淀川にも築いたのである。

当時、京都守護職であった会津藩主・松平容保《まつだいらかたもり》のもと、淀川筋の北岸に高浜台場が築かれたのは、一八六五（慶応元）年のことだった。また、時を同じくして南岸に樟葉《くすは》台場が築かれた。向かい合う形で設置された両台場にはカノン砲が四台配置され、淀川を遡上《そじょう》して京へと至るルートににらみをきかせた。また、淀川沿岸からやや離れた場所、現在の上《かん》牧《まき》駅南西の梶原、上牧、神内地区には梶原台場がつくられた。

台場に秘められたもうひとつの目的

幕末の動乱時、各所で台場の建造がなされたが、内陸部に設置されたのは、全国でも淀川筋のエリアだけだという。じつは、このエリアに築かれた台場には、外国船の侵入を防ぐ以外にある目的があったといわれる。倒幕をもくろむ尊皇攘夷派の志士らの京都への侵入を妨げることである。

内陸部に築かれた台場

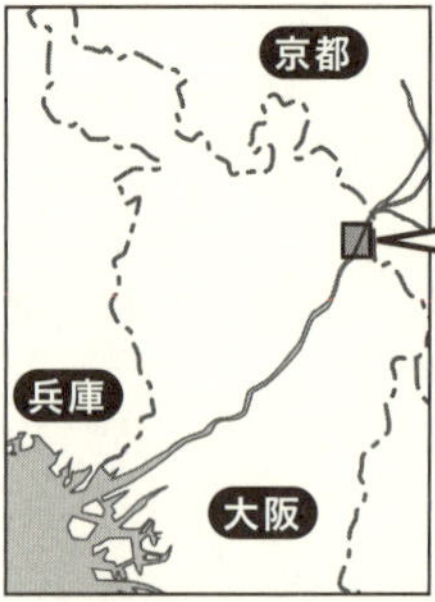
京都
兵庫
大阪

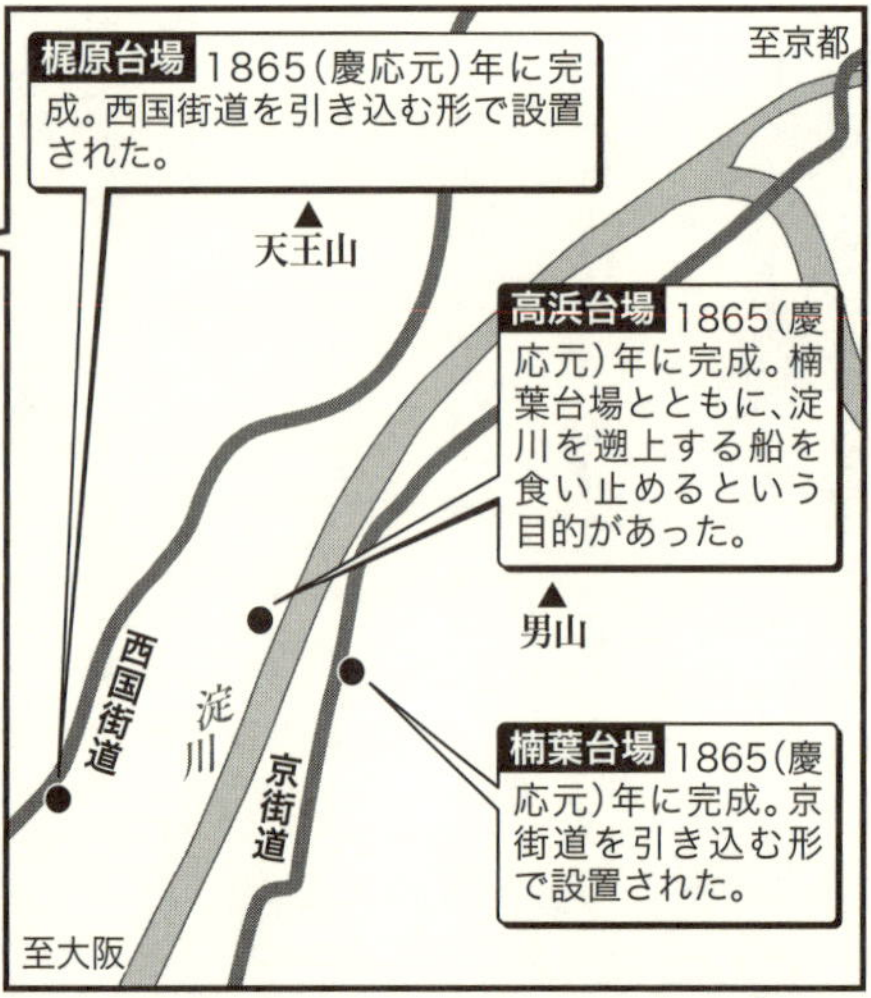
梶原台場 1865(慶応元)年に完成。西国街道を引き込む形で設置された。
至京都
天王山
高浜台場 1865(慶応元)年に完成。楠葉台場とともに、淀川を遡上する船を食い止めるという目的があった。
男山
西国街道
淀川
京街道
楠葉台場 1865(慶応元)年に完成。京街道を引き込む形で設置された。
至大阪

幕末の動乱期、淀川沿いには台場が築かれた。これらの表向きの目的は外国船の京への侵入を防ぐということにあったが、そのほか、長州藩士の上洛をここで食い止めるという目的もあったといわれる。

それを裏づけるのが、台場の敷地内を縦貫する街道の存在だ。梶原台場内には西国街道が、樟葉台場内には京街道が走っており、行き交う人々を確認するシステムとなっていたのである。

明治維新後、不要となった台場は破壊され、現在、これらの存在を直接確かめる術はない。

ただ、水無瀬駅から徒歩七分ほどのところにある高浜公会堂の前に「高浜砲台跡」という碑が建てられており、わずかながらにその痕跡を伝えてくれている。なお、ここは高浜台場があった場所ではなく、実際は淀川の河川敷に設置されていた。

また、樟葉台場跡は史跡公園として整備されており、一般に広く開放されている。

茨木市に残る明治の遺構「ねじりまんぽ」ってなに？

京都本線
いばらきし
茨木市
HK 69

京都本線・茨木市駅は、一九二八（昭和三）年一月一六日、新京阪鉄道の開業と同時に誕生した。当時、すでに国鉄茨木駅があったため、駅名は茨木町駅とされた。一九四八（昭和二三）年一月一日、茨木市が発足したことに伴い、現駅名へと改称されている。

茨木市駅を降りて、府道一五号を北へ道なりに進むと、ＪＲ東海道本線の高架が見えてくる。その手前の交差点を左折し、西へ向かうと、ＪＲ東海道本線の高架下に門《もん》ノ《の》前《まえ》橋《きょう》梁《りょう》、通称「ねじりまんぽ（ぽ）」と呼ばれるアーチ橋を見ることができる。

ねじりまんぽとはあまり聞き慣れない言葉であるが、じつはこのアーチ橋がつくられたのは明治時代のことであり、関西地方で現存するものとしては最大の規模を誇るという大変貴重な遺構なのである。

ねじって積み上げられた独特の工法

ねじりまんぽとは建築技法のひとつであり、明治時代、イギリスから招聘したお雇い外国人によって日本に導入されたという。線路方向に対して斜めにアーチ橋をつくる際、力の伝わる角度を考慮してレンガを螺旋状に積み重ねていき、橋の強度を高めるという技法である。レンガがまるでねじれているように見えることから「ねじり」、そして線路下に設けられたトンネル状のアーチ橋を「まんぽ」と呼ぶことから、「ねじりまんぽ」との呼称が起こった。

門ノ前橋梁がつくられたのは、一八七六（明治九）年、大阪～向日町間の鉄道開業時のことだった。一四〇年以上の時を経た現在でも現役として活躍している姿から、当時の土木技術の高さのほどがうかがい知れる。

蹴上のねじりまんぽ。螺旋状に積み重ねられたレンガの様子がよくわかる。

このねじりまんぽの技術は、とくに京阪神間の鉄道敷設の際に用いられたようだ。そのうち、門ノ前橋梁のほか、島本～高槻間の奥田畑橋梁、西大路～向日町間の馬場丁川橋梁、長岡京～山崎間の円妙寺架道橋が、現在も利用されている。

そのほか、京都市蹴上《けあげ》付近にも、琵琶湖疏《びわこそ》水《すい》のインクラインの下に建設されたねじりまんぽの姿を見ることができる。

平野の地で生まれた日本初のロングセラー商品！

能勢電鉄線

ひらの
平野
NS07

阪急電鉄の子会社であり、阪急の支線としての役割を併せ持つ能勢《のせ》電鉄。現在は、川西能勢口駅構内に敷かれた連絡線によって、宝塚本線と能勢電鉄線との直通運転がなされている。

その川西能勢口駅から能勢電鉄線で六つ目の駅・平野駅近辺は、じつは日本初となるある飲み物が誕生した地として知られる。三ツ矢サイダーである。すっきりとした飲み心地を好む人は多く、数ある清涼飲料水のなかでも常に売り上げ上位にランクインする人気商品だ。

そんな三ツ矢サイダーの歴史をひも解くと、なんと平安時代にまでさかのぼるという。平安時代中期のことである。清和源氏《せいわげんじ》の祖・源満仲《みつなか》が鷹狩りをするため平野の地に出向いた際、一羽の鷹が湧き水で傷ついた脚を癒し、飛び立っていく姿を目撃。湧き水が霊泉であることを悟る。これが平野の天然鉱泉（炭酸ガス入りの温泉）であり、以降、平野は温泉郷として明治初年まで繁栄を遂げた。源泉の温度が低いため、薪で温めてから入浴客に湯を提供したという。

温泉水から飲料水へ

それが一転、飲料水として名が知れ渡るようになったのは、一八八一（明治一四）年のことだった。外国の要人向けに良質な水を用意する必要に迫られた政府が各地で水質調査を実施した際、イギリス人の化学・冶金技師ウィリアム・ゴウランドが平野の鉱泉に対して、世界的に著名なミネラルウォーターと遜色ない理想的な飲料鉱泉であるとのお墨つきを与えたのである。なお、彼は古墳研究や「日本アルプス」の命名者としても知られている。

この結果を受け、一八八四（明治一七）年、三菱商会が鉱泉の水を「平野水」として販売したところ、上方の人々に珍重されるようになった。これが、三ツ矢サイダーの起こりである。一八八九（明治二二）年には、「三ツ矢印平野水」と名称が変更され、販売された。一八九七（明治三〇）年には、東宮殿下（のちの大正天皇）の御料品に指定されている。

ただ、この頃のものは現代のサイダーのような甘味はなく、たんなる炭酸水に過ぎなかった。そんな炭酸水にサイダーフレーバーエッセンスが加えられたのは、一九〇七（明治

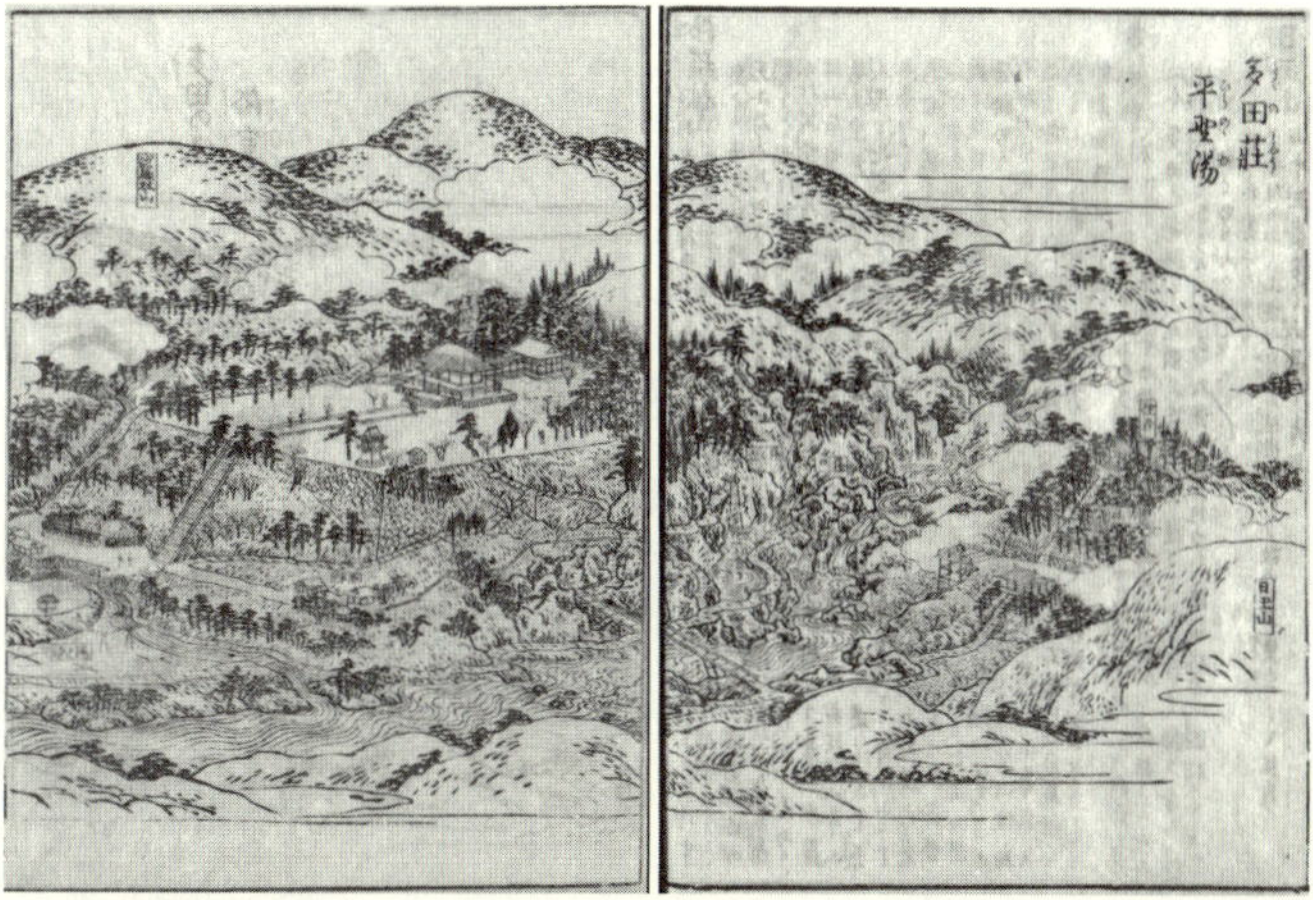

江戸時代、平野は温泉地として知られていた。鉱泉を汲み上げて薪で焚き、湯が沸いたら周辺の旅館に連絡するシステムとなっていたという。

四〇）年のことだった。そして商品名も、「三ツ矢印平野シャンペンサイダー」と改称された。

当時、天ぷらそばが一五銭だったのに対して、シャンペンサイダーは二三銭と贅沢な飲み物だったが、甘いものが重宝されていた時代にあって、シャンペンサイダーは瞬く間に人気商品となった。

三ツ矢シャンペンサイダーが現在の「三ツ矢サイダー」へ名称を変更したのは、一九六八（昭和四三）年のことである。二〇一四（平成二六）年には、「三ツ矢サイダー」ブランド生誕一三〇周年を迎えた。日本の透明炭酸飲料水のなかで最古の歴史を誇る三ツ矢サイダーは、昔もいまも、多くの人の舌を魅了し続けている。

なお、商品名は時代とともに変更されたが、時代が変わっても変更されなかったのが「三ツ矢」という冠名である。この「三ツ矢」という名も、満仲と深い関わりがある。

摂津守《せっつのかみ》に任ぜられた満仲が居館をつくろうとした際、場所を決めるために天に向かって白羽の鏑矢《かぶらや》（三ツ矢）を放った。その矢が落ちた場所が多田だったのである。このとき、満仲が放った矢を見つけたのが地元民の孫八郎で、その功績によって重臣に取り立てられるとともに「三ツ矢」の姓を許された。平野水を売り出したとき、発売元はこの故事にちなんで「三ツ矢」という商標をつけたのである。

第五章
そういうことだったのか！ 駅名・地名、意外な由来

阪急の駅になぜ「阪神」の名が入っている⁉

今津線

はんしんこくどう
阪神国道

HK 22

ＪＲ難波《なんば》駅や近鉄日本橋《にっぽんばし》駅のように、駅名に自社の略称を採用する鉄道会社は少なくないが、阪急には「阪急○○駅」と称する駅はひとつもない。ところが不思議なことに、今津線には「阪神国道駅」なる駅が存在する。

「阪神」という名を見て、なぜ阪神電鉄の名を冠しているのかと疑問に感じる人もいるかもしれないが、じつはこの阪神とは阪神電鉄のことではない。国道二号のかつての通称「阪神国道」のことなのである。

阪神国道駅の歴史

国道二号は、大阪市と北九州市を結ぶ全長約六八五キロメートルの幹線道路である。連日ひっきりなしに自動車が往来するが、じつは大正時代初期まで、阪神間を結ぶ道路は西国街道など道幅の狭い旧街道しかなかった。

明治三〇年代初頭に自動車が登場して以降、着実に自動車の交通量は増加していった。

阪神国道の上を走る今津線。高架にわざわざ「阪急」とつけられているのは、やはり紛らわしいためだろうか。

しかし旧街道ではこれに対応することができず、慢性的な交通渋滞を引き起こすこととなった。

そこで混雑を緩和すべく、一九一九（大正八）年、国鉄（現・JR）東海道本線と阪神本線の間に幅員二八メートルを誇る国道二号の建設が決定したのである。

一九二六（大正一五）年、国道二号が竣工。時を同じくして、今津線・西宮北口〜今津間一・九キロメートルが開業した。

阪神国道駅が開業したのは、一九二七（昭和二）年のことだった。このとき、駅のすぐ南側を走る国道二号が阪神国道という通称で呼ばれていたことから、その名が採用されたのである。

国鉄東海道本線、国道二号をまたぐ必要

があることから、駅は当初から高架式としてつくられた。

なお、冒頭で阪神国道駅と阪神電鉄とは関係がないといったが、じつはかつて阪神国道を阪神の路面電車が走っていたことがある。

一九一九年に国道二号の建設が決定されると、阪神電鉄ではほかの鉄道会社に先んじて国道上に軌道を敷設することを計画。一九二三（大正一二）年に建設許可を得ると、一九二五（大正一四）年に阪神国道電軌を設立し、一九二七（昭和二）年、野田（当時・西野田）～東神戸（当時・神戸東口）間二六キロメートルを開業させた。

当時は、阪急の阪神国道駅近くを阪神の路面電車が走るというややこしい状況だったのである。

ところが一九六〇年代にモータリゼーションが急速に進展すると、路面電車の存在が交通渋滞を引き起こす要因となった。また、自動車社会の到来が路面電車の需要減につながり、一九六九（昭和四四）年には西灘～東神戸間が、一九七四（昭和四九）年には上甲子園～西灘間が廃止された。そして一九七五（昭和五〇）年には残る野田～上甲子園間が廃止され、ここに阪神の路面電車の歴史に幕が下ろされることとなった。

宝塚本線　神戸本線
京都本線

うめだ
梅田
HK 01

えっ？ 梅田はかつて「街」として認識されていなかった!?

阪急梅田駅を中心とするエリアは「キタ」と呼ばれ、ビジネス街、繁華街として発展を遂げている。そんな梅田であるが、じつは江戸時代には「街」として認識されていなかった。それもそのはず、当時は人家がまったくなく、田んぼや墓地が広がるばかりの荒涼とした土地だったのである。江戸時代の古地図を見ると、その様子が一目瞭然だ（164ページ図参照）。

梅田という地名も、田畑や沼地を埋め立てて形成されたことから起こった「埋田」に由来するという。ただ「埋田」では字面がよくなかったので、同音の「梅」の字があてられ、「梅田」と転じたと伝わる（諸説あり）。

そんな梅田の地が発展する契機となったのは、一八七四（明治七）年の国鉄（現・JR）大阪駅開業だった。もともとは堂島《どうじま》に頭端式（行き止まり式）のホームを持つ駅が設置される予定だった。江戸時代以降、遊郭や米市場などが置かれた堂島は商業地として発展しており、また、川を通じて荷を運ぶのに適した場所だったためである。

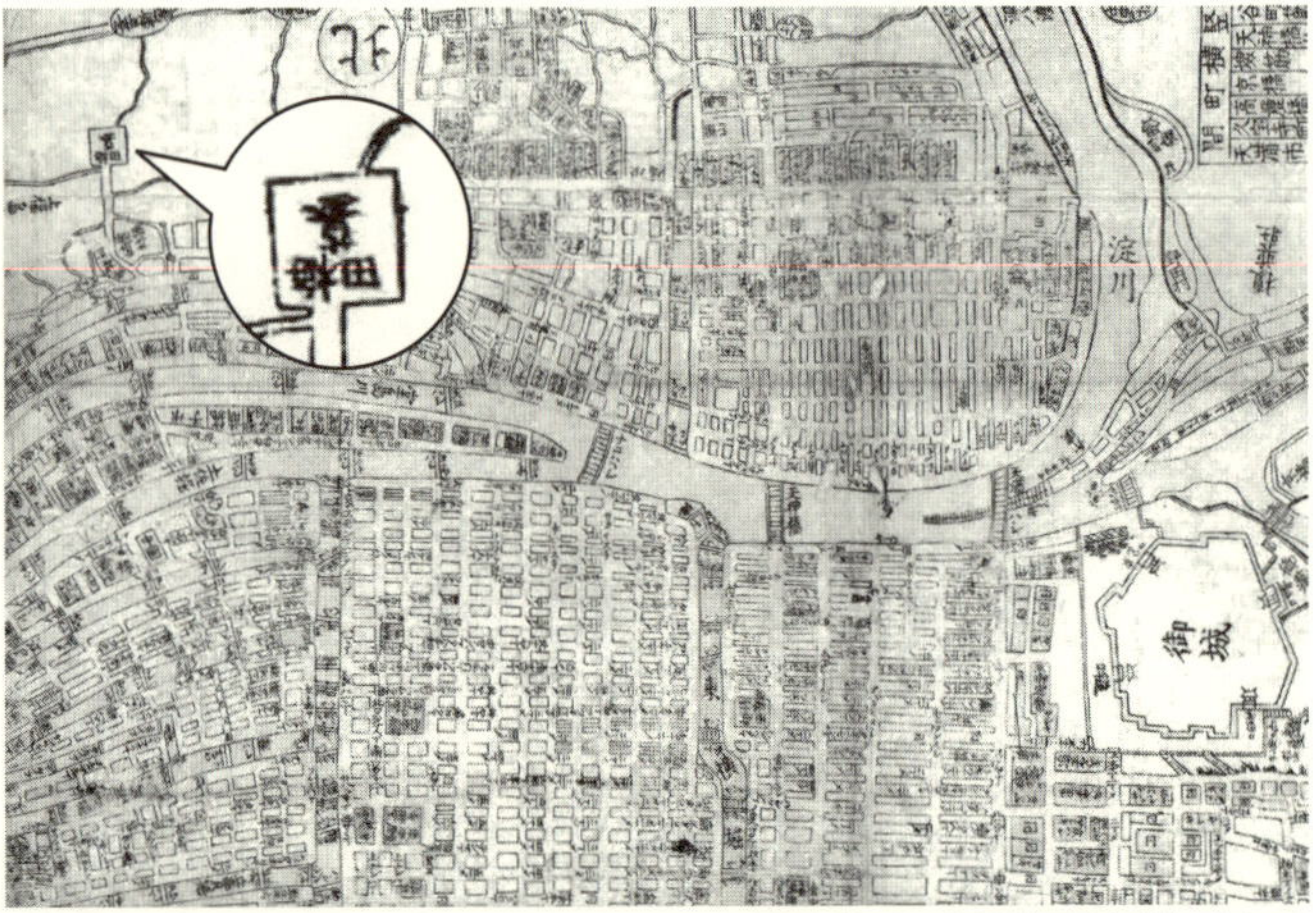

１７８９（寛政元）年発行の『大阪絵図』。街として発展を遂げる大坂城周辺部（右下）とは異なり、梅田周辺には墓地が置かれ、荒涼とした風景が広がっていた（左上）。

ところが、この話を聞きつけた堂島の人々が「街のなかを火の車が走ると火事になる」としてこぞって反対した。また、当初は大阪〜神戸間の敷設を予定していた鉄道が一八七二（明治五）年に京都まで延伸することが決定されると、堂島に駅を設置した場合の経由地点が問題となった。そこで列車をスムーズに運行するため、堂島よりも北側の地、街外れの梅田に通過式のホームを持つ駅が建設されることとなったのである。

その後、阪神電鉄梅田駅が一九〇六（明治三九）年一二月二一日に、阪急梅田駅が一九一〇（明治四三）年三月一〇日に開業すると、梅田一帯は繁華街として急激に発展を遂げることとなった。

大阪人以外は読めない!? 難読駅名・十三、その由来

宝塚本線　神戸本線
京都本線

じゅうそう
十三
HK
03

宝塚本線、神戸本線、京都本線の三路線が乗り入れる十三駅は、一九一〇（明治四三）年三月一〇日、阪急の前身・箕面有馬電気軌道時代に開設された。平日一日あたりの乗降客数は七万四六一一人（二〇一五年、阪急調べ）。阪急全駅のなかで五番目に多い。また、他路線への乗り換え客が多いのも十三駅の特徴である。

このように連日利用者が多いことに加え、ターミナル駅である梅田駅よりもホームに進入してくる電車の速度が速いため、阪急は十三駅の三号線（宝塚本線宝塚方面行き）、四号線（宝塚本線梅田方面行き）、五号線（京都本線河原町方面行き）の各ホームに可動式のホームドアを設置することを決定した。完成は二〇一九（平成三一）年春を予定。関西の大手私鉄としては初となる試みであり、以降、乗降客数の多い駅から順次ホームドアを設置するということである。

十三という駅名は、地名に由来する。阪急の駅のなかではしばしば難読駅名のひとつに数えられるが、十三という地名には、どのような由来が秘められているのだろうか。

十三という地名はなぜ誕生した？

十三という地名の由来については諸説あるが、そのなかでも有力とされているのが次の二つの説である。

一つ目の説は、古代の土地の区画制度である条里制《じょうり》にちなむというものだ。条里制とは、耕地を一辺六町（約六五四メートル）四方の碁盤目状に区画し、東西の列を里、南北の列を条と数えたものである。西成郡の飛田《とびた》を起点とし、そこから北へ順に数えていくと、十三条目の区画が現在の十三辺りにあたった。このことから十三という地名が起こり、やがて「さん」という読み方が「そう」へと転じたのだという。

二つ目の説は、淀川の船の渡し場説である。十三の地には、淀川の上流、すなわち京都を起点として十三番目の船の渡しがあった。そこから一帯が十三と呼ばれるようになり、時代を経るにつれて読み方が変わって定着したというわけである。

なお、古くは成小路《なるしょうじ》村の字《あざ》名（小地名）に過ぎなかった十三であるが、箕面有馬電気軌道が十三駅を設置したことにより駅周辺に商店街が形成されるようになり、十三は繁華街を示す地名として用いられるようになった。

西宮市の「西」は、いったいどこから見た「西」？

神戸本線　今津線

にしのみやきたぐち

西宮北口

HK 08

西宮市の中心駅である西宮北口駅は、一九二〇（大正九）年の神戸本線開通時、神戸本線と宝塚本線を結ぶ計画路線（現・今津線）の接続駅として開業した。東西南北を結ぶ交通の要衝であり、駅周辺に西日本最大級のショッピングモール・阪急西宮ガーデンズや大型ショッピングセンター・アクタ西宮などが建ち並んでいることから、連日多くの人が駅を利用する。実際、阪急全駅の一日平均の乗降客数を見ると、梅田駅（五四万五〇六七人。数字は二〇一五年阪急調べ。以下同）、神戸三宮駅（一一万三六五一人）に次ぎ、乗降客数が多い（九万九九二五人）。西宮北口駅という名称は、旧西宮町（現・西宮市）の北側の入口であることからつけられたものである。それでは、大元の西宮の由来はなんなのか。いったい何に対して「西」なのだろうか。

諸説入り混じる西宮の由来

西宮の由来については諸説あるが、そのなかでも有力なのが、廣田《ひろた》神社にちなむという

廣田神社。地震や風雨に対して霊験があるとされ、古来、京の貴族から絶大な信仰を集めた。

ものである。

廣田神社は、西宮北口駅から阪急バスに乗り、五分ほど行った場所に鎮座する古社だ。

『日本書紀』によると、二〇一年、神功皇后《じんぐうこうごう》が新羅《しらぎ》遠征から帰国する途上、外難の護りとしてこの地に天照大御神《あまてらすおおみかみ》の荒魂《あらみたま》を鎮め祀ったのが起源だという。

平安時代の法令集『延喜式』中で名神大社に連ねられるほどの高い社格を誇り、古来、兵庫県第一の社として篤い崇敬を受けていた。

中世には、京の都に住む貴族から西方にある特別な神社であると信仰され、「西のお宮」ということで「西宮」と呼ばれるようになった。貴族らは廣田神社へ参拝する

西宮神社。もとは廣田神社の摂社・末社のひとつだった。商売繁盛の神として、多くの人の信仰を集める。

際、「西宮参拝」「西宮下向《げこう》」と称していたといい、ここから「西宮」という地名が起こったと伝わる。

一方、えびす宮総本社西宮神社（西宮戎《えびす》神社）を地名の起こりとする説もある。

もともと西宮戎神社は、近隣の漁民が廣田神社南宮の境内に夷神《えびすがみ》を祀ったことにはじまると伝わる。夷神は漁業に霊験あらたかな神として信仰を集めたが、室町時代には商売繁盛の神として広く庶民の信仰を集めるようになった。いつしか主客が逆転し、夷神の総本社にまで発展を遂げた。とくに神社の東方に位置する津門《つと》、鳴尾《なるお》の住民からの信仰が篤かったようで、彼らから見て西方に位置するお宮であることから、「西宮」という名が起こったという。

蛍池駅がある場所はホントの蛍池ではなかった!?

宝塚本線
ほたるがいけ
蛍池
HK 47

宝塚本線・蛍池駅は、箕面有馬電気軌道時代の一九一〇（明治四三）年四月二五日に開業した歴史ある駅だ。一九九五（平成七）年に橋上駅舎化された。

蛍池とは風流な駅名であるが、もともとは別の名称となる予定だった。麻田《あさだ》駅である。これは、駅開業当時の地名が麻田だったためだ（171ページ図参照）。かつて蛍池駅の西側一帯に麻田藩主の陣屋（藩庁）跡があったことにちなむ。

地名をそのまま駅名とするのは極めて妥当と思われたが、ここで思わぬ人物から待ったが掛かった。小林一三である。小林は、「駅名が麻田ではまったく面白くない」として社員にダメ出しをするとともに、新たな駅名をもう一度考えさせたのである。

駅名から地名となった蛍池

小林の命を受けた社員たちは、必死に知恵を絞った。そして隣村の刀根山《とねやま》地区で見つけたのが、蛍ヶ池だった。蛍ヶ池は千里丘陵を浸食する開析谷《かいせきだに》（幅の広い谷）の下流を堰き止めてつくられたため池で、当時は蛍が飛び交う名勝として名が知られていた。駅からは五〇〇メートルも離れていたが、小林は「風流な名を持つ蛍ヶ池こそ新駅名にふさわしい」と絶賛。こうして駅名は蛍池となったのである。

ところが、この阪急の決定に対して、麻田村の人々は大いに驚いた。なぜ隣村の名勝の名を自村の駅名としなければならないのか、納得がいかなかったのである。そこで有志が集い、麻田駅にしてほしいと陳情したものの、聞き届けられることはなかったという。

こうして一九一〇年に蛍池駅が誕生。一九三四（昭和九）年には駅周辺の開発が行なわれ、阪急の蛍ヶ池経営地が完成した。一九四一（昭和一六）年に国民学校令が公布された際には、麻田小学校が蛍池小学校と改名している。

このように、風雅な蛍池という名は徐々に地域に浸透していき、一九四七（昭和二二）年、ついには麻田に代わり、地名として採用されるに至ったのである。

なお、駅名の由来となった蛍ヶ池は現存する。ただし所在地は刀根山四丁目。蛍池ではない。また、かつて飛び交っていた蛍をいまは見ることができない。

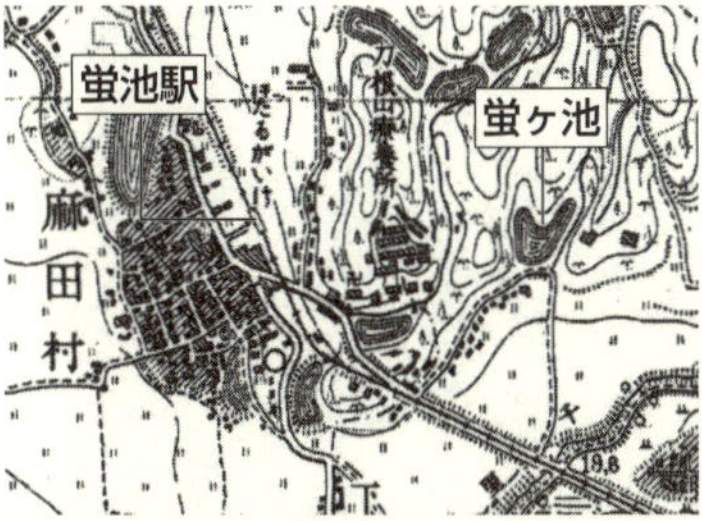

1920年代の地図を見ると、このときはまだ「蛍池」という地名が存在しなかったことがわかる。

「ふきた」ではなくなぜ「すいた」!?

千里線

すいた
吹田

HK 89

千里線の前身・北大阪電気鉄道時代の一九二一（大正一〇）年、吹田市には国鉄（現・JR）東海道線を挟んで東吹田駅、西吹田駅という二つの駅があった。西吹田駅には、アサヒビール（当時は大阪麦酒会社）の工場へと続く貨物引込線が設置されていた。一九四三（昭和一八）年、国策によって阪急と京阪が合併すると、東吹田駅は吹田駅、西吹田駅は市役所前駅へと改名された。しかし両駅間の距離はわずか二〇〇メートルほどしかなかったため、一九六四（昭和三九）年、吹田駅と市役所前駅を統合。旧市役所前駅のホームが一二五メートル延伸され、現在の吹田駅が開業した。なお、旧吹田駅は廃止されている。

吹田という読み方は、言うまでもなく「すいた」である。沿線民や地元の人々であれば間違えようがないが、初めて地名を目にする他地方の人であれば「ふきた」と読んでしまうこともしばしばだ。

どうして「すいた」と音読するようになったのか。吹田の語源については諸説唱えられているが、ここではとくに有名な二つの説を紹介しよう。

「スキタ説」と「フキタ説」

まず一つ目の説は、「スキタ説」である。

吹田という地名の歴史は古く、『行基年譜《ぎょうきねんぷ》』「天平十三年記」に記された「次田《すきた》堀川」が初見であるとされる（天平一三年は七四一年）。江戸時代の僧で国学者の契沖《けいちゅう》（一六四〇～一七〇一年）は、「もともと次田と書いてスキタと読んでいたものがいつしかスイタと読まれるようになった。しかし次にはスイという音がないことから、似ている吹の字を用いるようになり、吹田と書いてスイタと読むようになった」としている。

これに対して、白村江《はくすきのえ》のように古代韓語で村をスキと読むことから、朝鮮半島から渡来してきた人々が形成した村の田んぼということで「村田《すきた》」と呼ばれるようになったという見解もある。これがやがて「鋤田」「次田」と書かれるようになったが、やはり「スイ」の音を持つ「吹」にいつしか書き改められたのではないかという。

二つ目の説は、「フキタ説」である。もともと旧吹田村には湧き水が豊富に流れ、湿田が多かったという。ただ一帯は水はけが悪く、大雨のときには水がしばらく滞留する始末だった。このことから、「水が盛んに吹き出る田」ということで「吹田《ふきた》」と呼ばれるようになり、それがいつしか「スイタ」と呼ばれるようになったのではないかといわれる。

巻末付録

阪急電鉄
駅データ集

※複数の路線が乗り入れる駅は、最初に登場する路線部に掲載しています。

※乗降客数は阪急電鉄資料、各府県市統計書に基づきます（2014年、2015年度）。

※阪急電鉄、大阪市営地下鉄堺筋線の駅ナンバリングが付されている駅を掲載しています。

みくに 三国 HK 41

開業年月日 1910(明治43)年3月10日

1日平均乗降客数 2万7100人

駅名由来 三国島という小字地名に由来。三国という地名は、丹波国、山城国、摂津国という三国を流れる三国川(現・神崎川)にちなむ。

しょうない 庄内 HK 42

開業年月日 1951(昭和26)年5月16日

1日平均乗降客数 3万1707人

駅名由来 地名に由来。古代、この地には後鳥羽上皇の愛人の椋橋荘があった。その荘園内に位置していたことから、庄内という地名が起こった。

はっとりてんじん 服部天神 HK 43

開業年月日 1910(明治43)年3月10日

1日平均乗降客数 2万6287人

駅名由来 駅近くに鎮座する服部天満宮に由来。服部という地名は、「機織」に由来するといわれる。開業時は服部駅だったが、服部天神宮の最寄り駅であることをわかりやすく示すため、現在の駅名となった。

うめだ 梅田 HK 01

開業年月日 1910(明治43)年3月10日

1日平均乗降客数 54万5067人

駅名由来 地名にちなむ。もともと一帯は低湿地を埋め立てて形成されたことから「埋田」の地名が起こった。その後、同音で字面のよい「梅」が使われるようになり、「梅田」となったといわれる(163ページ参照)。

なかつ 中津 HK 02

開業年月日 1925(大正14)年11月4日

1日平均乗降客数 1万1182人

駅名由来 地名に由来。地名の中津は、かつて一帯を流れていた中津川にちなむ。淀川の支流である大川と神崎川の中を流れることから、中津川と呼ばれるようになったという。

じゅうそう 十三 HK 03

開業年月日 1910(明治43)年3月10日

1日平均乗降客数 7万4611人

駅名由来 地名にちなむ。西成郡飛田(現在の阿部野)を起点とする古代の条里制で13条目の区画だった、もしくは淀川の上流部から数えて13番目の渡しが存在したことから、十三という地名が起こったという(165ページ参照)。

ほたるがいけ 蛍池 HK47

開業年月日 1910(明治43)年4月25日

1日平均乗降客数 4万1354人

駅名由来 豊中市刀根山4丁目に存在する蛍ヶ池にちなむ。駅は麻田村(当時)に存在していたが、小林一三の鶴の一声で蛍狩りの名勝として知られていた蛍ヶ池が採用された。その後、駅周辺の地名は駅に合わせて蛍池となった。

いしばし 石橋 HK48

開業年月日 1910(明治43)年3月10日

1日平均乗降客数 4万9210人

駅名由来 地名に由来。能勢街道と西国街道が交差するあたりに石製の橋が架かっていたことから、「石橋」という地名が起こったという。

いけだ 池田 HK49

開業年月日 1910(明治43)年3月10日

1日平均乗降客数 5万2102人

駅名由来 地名に由来。池田の由来については、五月山のふもとに鎮座する伊居太神社にちなむ、南北朝時代に池田一帯に勢力を有していた池田氏に由来するなど諸説唱えられている。

そね 曽根 HK44

開業年月日 1912(明治45)年5月30日

1日平均乗降客数 2万5586人

駅名由来 地名に由来。かつてはこの辺りにまで海岸線が入り込んでいたという。そこから磯根(根は岩礁地帯を表わす)と呼ばれるようになり、やがて曽根へと転じたという。

おかまち 岡町 HK45

開業年月日 1910(明治43)年3月10日

1日平均乗降客数 1万8451人

駅名由来 地名に由来。豊中丘陵西南部に位置する岡町一帯には丘墳(墳墓)が多く存在することから、岡町という地名が起こったという。

とよなか 豊中 HK46

開業年月日 1913(大正2)年9月29日

1日平均乗降客数 5万3350人

駅名由来 摂津国豊島郡(現・大阪府池田市、箕面市、豊中市)の中央に位置していたことから、1889(明治22)年、豊中村が誕生した。

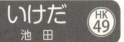

なかやまかんのん HK53
中山観音

開業年月日 1910(明治43)年3月10日

1日平均乗降客数 1万2799人

駅名由来 駅北にある中山寺に由来。中山という山の中腹につくられたことから、その寺号となった。開業時は中山駅だったが、中山寺の最寄りであることを明確にするため、現在の駅名となった。

めふじんじゃ HK54
売布神社

開業年月日 1914(大正3)年3月21日

1日平均乗降客数 9159人

駅名由来 駅の北西300メートルほどのところに鎮座する売布神社に由来。売は「米」、布は字のごとく織った布の意。稲作と織物で生計を立てていた場所だったから「売布」と呼ばれるようになった。

きよしこうじん HK55
清荒神

開業年月日 1910(明治43)年3月10日

1日平均乗降客数 8063人

駅名由来 駅北1キロメートルほどのところにある清荒神清澄寺に由来。寺号は、平安時代、時の宇多天皇より「日本第一清荒神」との称号が下賜されたことにちなむ。

かわにしのせぐち HK50
川西能勢口

開業年月日 1913(大正2)年4月8日

1日平均乗降客数 4万7016人

駅名由来 川西は地名に由来。北流する平野川の西岸地域であることからその名が起こる。能勢口は能勢地方の入口という意味合いでつけられた。開業時は能勢口駅だったが、その後、現在の駅名へと改称された。

ひばりがおかはなやしき HK51
雲雀丘花屋敷

開業年月日 1961(昭和36)年1月16日

1日平均乗降客数 1万2346人

駅名由来 花屋敷駅と雲雀ヶ丘駅が統合して誕生。両駅とも地名に由来する。花屋敷という地名は、かつて存在していた花屋敷温泉にちなむ。雲雀ヶ丘は、鳥のヒバリがさえずるのどかな山里であったことから名づけられた。

やまもと HK52
山本（平井）

開業年月日 1944(昭和19)9月1日

1日平均乗降客数 1万8818人

駅名由来 地名に由来。長尾山系の山麓に形成された集落であることから山本という地名が起こる。副駅名の平井という地名は、平安時代の貴族で和泉式部の再婚相手であった藤原保昌の家号にちなむ。

みのお HK59
箕面

開業年月日 1910(明治43)年3月10日

1日平均乗降客数 1万8628人

駅名由来 地名に由来。箕面の滝の表面が農具の「箕」の形に似ていることから、「箕面」と呼ばれるようになり、そこから地名へ転じたという。開業時は箕面公園駅だったが、その後、現在の駅名へと改称された。

たからづか HK56
宝塚

開業年月日 1910(明治43)年3月10日

1日平均乗降客数 4万9909人

駅名由来 地名に由来。旧米谷村に存在していた塚の周辺で物を拾った者には必ず幸運が舞い込むと信じられていたことから、宝塚という地名が起こったともいわれている。

さくらい HK57
桜井

開業年月日 1910(明治43)年4月12日

1日平均乗降客数 1万1206人

駅名由来 地名に由来。駅の南にある春日神社の井戸の付近に九重桜があったことから、桜井という地名が起こったという。桜井住宅地の売り出しのために駅が設置された。

まきおち HK58
牧落

開業年月日 1921(大正10)年12月30日

1日平均乗降客数 8554人

駅名由来 地名に由来。かつてこの辺りには牧場があったといい、牧場のある村落ということで牧落と呼ばれるようになったという。

むこのそう 武庫之荘 HK07

開業年月日 1937(昭和12)年10月20日

1日平均乗降客数 5万3601人

駅名由来 古代、一帯に存在していた武庫荘という荘園に由来。「ムコ」は「難波の向こう側」という意味合いだという。当初は「武庫ノ荘駅」となる予定だったが、小林一三の一存によって「武庫之荘駅」とされた。

にしのみやきたぐち 西宮北口 HK08

開業年月日 1920(大正9)年7月16日

1日平均乗降客数 9万9925人

駅名由来 西宮市の北側に位置することにちなむ。西宮という地名の由来は、古来、京の貴族が廣田神社を「西宮」と呼んだから、もしくは津門、鳴門から見て西宮神社が西の宮にあたるから、など諸説ある(167ページ参照)。

しゅくがわ 夙川 HK09

開業年月日 1920(大正9)年7月16日

1日平均乗降客数 2万9836人

駅名由来 駅近くを流れる夙川に由来。もともと宿場町に流れる川ということで宿川と呼ばれていたが、やがてそれが夙川へと転じた。

かんざきがわ 神崎川 HK04

開業年月日 1920(大正9)年7月16日

1日平均乗降客数 1万9440人

駅名由来 駅近くを流れる神崎川に由来。神崎川は淀川の支流であり、かつては三国川とも呼ばれていた。神崎は、古くは神前とも書いた。古代、住吉大社の神事を行なった場であり、そこから神前という地名が起こったという。

そのだ 園田 HK05

開業年月日 1936(昭和11)年10月20日

1日平均乗降客数 3万3878人

駅名由来 地名に由来。平安時代、橘御園という名の荘園があった。そこから一帯は御園荘と呼ばれるようになり、園田という地名が起こった。園田住宅地の売り出しのために設置された。

つかぐち 塚口 HK06

開業年月日 1920(大正9)年7月16日

1日平均乗降客数 5万3206人

駅名由来 地名に由来。古来、一帯が古墳の群集地であったことから、もしくはかつて存在していた池田山古墳の入り口に位置することから、塚口という地名が起こったという。

あしやがわ
芦屋川 HK 10

開業年月日 1920(大正9)年7月16日

1日平均乗降客数 1万6163人

駅名由来 駅の下を流れる芦屋川に由来。芦屋という地名は、葦屋が転じたもの。一帯が葦が生い茂る湿地だったことから、もしくは葦を葺いた家が点在していたことから、葦屋という地名が起こり、それが芦屋へ転じたという。

おかもと
岡　本 HK 11

開業年月日 1920(大正9)年7月16日

1日平均乗降客数 3万2132人

駅名由来 地名に由来。駅の北に鎮座する保久良(ほくら)神社の丘のふもとにあたることから、岡本という地名が起こったという。保久良神社は古代文明・カタカムナの遺跡として知られる。

みかげ
御　影 HK 12

開業年月日 1920(大正9)年7月16日

1日平均乗降客数 1万8526人

駅名由来 地名に由来。古代、一帯に住居を構えた鏡作部がつくった鏡を御鏡と呼んでいた。そこから御影という地名が起こったという。また古代、神功皇后がこの地にある泉に姿をうつしたことから御影となったともいわれる。

ろっこう
六　甲 HK 13

開業年月日 1920(大正9)年7月16日

1日平均乗降客数 3万4132人

駅名由来 六甲山に由来。もともとは務古山(むこやま)と呼ばれていたが、むこの音に六甲という字があてられて六甲山となり、読み方もろっこうさんへと転じたといわれる。

おうじこうえん
王子公園 HK 14

開業年月日 1936(昭和11)年4月1日

1日平均乗降客数 2万856人

駅名由来 駅の西側にある王子公園の最寄りであることから、その名がつけられる。開業時は西灘駅だったが、阪神電鉄の同名駅との差別化を図るべく、現在の駅名となった。王子という地名は、王子権現(王子神社)が由来。

かすがのみち
春日野道 HK 15

開業年月日 1936(昭和11)年4月1日

1日平均乗降客数 1万2674人

駅名由来 春日明神が鎮座していたことから、一帯の野原が春日野と呼ばれるようになる。その後、春日野に外国人が墓地が形成されたとき、そこから西国街道までの道・春日野道が新たに敷かれた。

しんいたみ
新伊丹　HK19

開業年月日 1935(昭和10)年3月1日

1日平均乗降客数 7116人

駅名由来 伊丹市内に新たに設けられた駅であることから、新伊丹と命名される。当初、伊丹線の駅は伊丹駅と稲野駅のみの予定だったが、新伊丹住宅の売り出しにあたり、新伊丹駅が設置された。

いたみ
伊　丹　HK20

開業年月日 1920(大正9)年7月16日

1日平均乗降客数 2万4880人

駅名由来 地名に由来。「糸を績(う)む」ことから伊丹という地名が生まれた、もともと入江の奥に位置し「糸海」と呼ばれていたのがいつしか転じたなどといわれている。

いまづ
今　津　HK21

開業年月日 1926(大正15)年12月18日

1日平均乗降客数 2万5598人

駅名由来 地名に由来。今津西北部の津門が古くからの港(古津)として発展していたのに対し、新しく開かれた港ということで、今津という地名が起こったという。

こうべさんのみや
神戸三宮　HK16

開業年月日 1936(昭和11)年4月1日

1日平均乗降客数 11万3651人

駅名由来 地名に由来。三宮という地名は三宮神社にちなむ。古代、神功皇后が３番目に巡礼したことから三宮という名称が生まれたという。開業時は神戸駅だったが、三宮駅を経て、現在の駅名となった。

はなくま
花　隈　HK17

開業年月日 1968(昭和43)年4月7日

1日平均乗降客数 8912人

駅名由来 地名に由来。古代、神社領内のことを神内(くまうち)といい、神社領の外れに位置していたことから「はなくま」という地名が起こったという。阪急が管理する駅としては、最西端となる。

いなの
稲　野　HK18

開業年月日 1921(大正10)年5月10日

1日平均乗降客数 8102人

駅名由来 地名に由来。かつて一帯は貴族の遊猟地であったことから猪名野と呼ばれていたが、それが転じて稲野となった。当初は伊丹口駅とされる予定だったが、駅開業時には結局地名が採用されることになった。

にがわ 仁川 HK25

開業年月日 1923(大正12)年12月28日

1日平均乗降客数 2万3843人

駅名由来 地名に由来。仁川という地名は、西宮市を流れる川「仁川」にちなむ。仁川は六甲山の石宝殿付近を水源とする全長約11キロメートルの河川で、東流して武庫川に合流する。

おばやし 小林 HK26

開業年月日 1921(大正10)年9月2日

1日平均乗降客数 1万7209人

駅名由来 地名に由来。「お」は美称、「ばやし」は古代に林史(はやしのふひと)一族が居住していたことにちなむという。

さかせがわ 逆瀬川 HK27

開業年月日 1921(大正10)年9月2日

1日平均乗降客数 2万7714人

駅名由来 駅近くを流れる逆瀬川にちなむ。逆瀬川は樫ヶ峰北麓付近を水源とする全長約1964メートルの河川で、東流して武庫川に合流する。古来、大雨時には武庫川の水が逆流し、氾濫を起こしたことからその名がついた。

はんしんこくどう 阪神国道 HK22

開業年月日 1927(昭和2)年5月10日

1日平均乗降客数 4378人

駅名由来 駅の前を走る国道2号の旧称・阪神国道にちなむ。国道2号は大阪市と北九州市を結ぶ全長約685キロメートルの道路で、かつてはここを阪神電鉄の路面電車が走っていた(160ページ参照)。

もんどやくじん 門戸厄神 HK23

開業年月日 1921(大正10)年9月2日

1日平均乗降客数 2万3181人

駅名由来 駅の北西に位置する日本三大厄神のひとつ・門戸厄神東光寺に由来。門戸という地名は、山麓に位置する神呪寺(かんのうじ)山門の周辺の村落ということにちなむという。

こうとうえん 甲東園 HK24

開業年月日 1922(大正11)年6月1日

1日平均乗降客数 3万2240人

駅名由来 六甲山の東に位置することから甲東という地名が起こる。その後、明治時代に果樹園(甲東農園)がつくられ、そこから甲東園へと転じた。

みなみかた 南方 HK 61

開業年月日 1921(大正10)年4月1日

1日平均乗降客数 4万2640人

駅名由来 地名に由来。かつてこの辺り一帯には干潟が広がっており、「南の潟」と呼ばれていた。それが転じて「南方」になったといわれる。町名変更で南方という地名はなくなってしまったが、駅名として残されている。

そうぜんじ 崇禅寺 HK 62

開業年月日 1921(大正10)年4月1日

1日平均乗降客数 5980人

駅名由来 駅近くにある崇禅寺に由来。崇禅寺は天平年間(729～749年)に行基が建立した古寺。もとは法相宗の寺院だったが、のち曹洞宗の寺に改宗された。明智光秀の娘・細川ガラシャの菩提寺としても知られる。

あわじ 淡路 HK 63

開業年月日 1921(大正10)年4月1日

1日平均乗降客数 3万5687人

駅名由来 地名に由来。平安時代の公卿・菅原道真が大宰府へと流される途中、現在の西淡路町周辺に上陸。当時は海に浮かぶ島であり、その様子を見て道真は淡路島と勘違いした。そこから「淡路」という地名が起こったという。

たからづかみなみぐち 宝塚南口 HK 28

開業年月日 1921(大正10)年9月2日

1日平均乗降客数 1万2297人

駅名由来 宝塚駅の南の方角に位置することから、その名がつけられる。宝塚の由来については、宝塚駅の項目を参照。

くらくえんぐち 苦楽園口 HK 29

開業年月日 1925(大正14)年3月8日

1日平均乗降客数 1万4992人

駅名由来 大正から昭和にかけて開発された温泉地・苦楽園の最寄りであることが由来。苦楽園という名前は、幕末の公卿・三条実美の遺物「苦楽瓢」にちなむ。

こうようえん 甲陽園 HK 30

開業年月日 1924(大正13)年10月1日

1日平均乗降客数 1万2855人

駅名由来 大正時代に開発された住宅街・甲陽園にちなむ。甲陽土地という会社が開発したことから、その名がつけられた。

せっつし 摂津市 HK 67

開業年月日 2010(平成22)年3月14日

1日平均乗降客数 1万2362人

駅名由来 地名に由来。摂津という地名は、旧国名の摂津国から採用された。津(港)の官務を摂する(代理で行なう)国ということから、摂津国という名が生まれたという。

みなみいばらき 南茨木 HK 68

開業年月日 1970(昭和45)年3月8日

1日平均乗降客数 4万3887人

駅名由来 茨木市駅の南に位置することが由来。もともとは大阪万博時の臨時駅として設置されたが、同駅は交通の要衝に位置していたことから、閉博後もそのまま駅として利用された。

いばらきし 茨木市 HK 69

開業年月日 1928(昭和3)年1月16日

1日平均乗降客数 6万6557人

駅名由来 地名に由来。開業時は茨木町駅だったが、茨木町の市制施行に伴い、現駅名となる。茨木という地名は、古代、この辺り一帯にイバラの木が生い茂っていたことから生まれたという。

かみしんじょう 上新庄 HK 64

開業年月日 1928(昭和3)年1月16日

1日平均乗降客数 5万3182人

駅名由来 地名に由来。新庄という地名は、戦国時代、茨木城城主・中川清秀が築いた出城・新庄城にちなむという。古くは、「新城」と表記されることもあった。

あいかわ 相川 HK 65

開業年月日 1928(昭和3)年1月16日

1日平均乗降客数 1万8997人

駅名由来 地名に由来。相川という地名は、近くを流れる安威川にちなむ。安威川という名称は上流部の三島郡安威郷に由来する。開業時は吹田町駅だったが、吹田東口駅を経て、現在の駅名となった。

しょうじゃく 正雀 HK 66

開業年月日 1928(昭和3)年1月16日

1日平均乗降客数 1万8904人

駅名由来 駅近くを流れる正雀川に由来。古代は正尺川と呼ばれ、南北の流れを基準線としてこの地に条里制が敷かれていたのではないかといわれる。正雀駅の誕生後、正雀という地名が制定された。

かんまき
上牧
HK 73

開業年月日 1934(昭和9)年5月13日

1日平均乗降客数 1万2303人

駅名由来 地名に由来。かつて摂津国に3つあった牧場のうち、一番上に位置していたことから、上牧という地名が起こり、のち「かんまき」と読まれるようになったという。開業時は「上牧桜井ノ駅」駅だったが、その後、現在の駅名となった。

みなせ
水無瀬
HK 74

開業年月日 1939(昭和14)年5月16日

1日平均乗降客数 1万530人

駅名由来 地名に由来。天王山を水源とする水無瀬川は水量にとぼしく、水が流れていないように見えることもあった。そこから水無瀬という地名が起こった。開業時は「桜井ノ駅」駅だったが、その後、現在の駅名へと改称された。

おおやまざき
大山崎
HK 75

開業年月日 1928(昭和3)年11月1日

1日平均乗降客数 7038人

駅名由来 地名に由来。大山崎一帯は標高約270メートルの天王山の麓にあたり、山すそがまるで淀川に突き出ているように見えることから、その名がつけられたという。

そうじじ
総持寺
HK 70

開業年月日 1936(昭和11)年4月15日

1日平均乗降客数 1万8767人

駅名由来 駅近くにある補陀落(ほだらく)山総持寺に由来。総持寺は平安時代に創建された真言宗の古刹で、周辺の地名にもその名が採用された。開業当初は総持寺前駅だったが、その後、現在の駅名へと改称された。

とんだ
富田
HK 71

開業年月日 1928(昭和3)年1月16日

1日平均乗降客数 2万910人

駅名由来 地名に由来。律令制以前の天皇家の御料田「屯田」がこの地にあったことから、富田という地名が誕生したといわれる。開業時は富田町駅だったが、富田町の高槻市への編入に伴い、現在の駅名となった。

たかつきし
高槻市
HK 72

開業年月日 1928(昭和3)年1月16日

1日平均乗降客数 6万4824人

駅名由来 地名に由来。中世に設けられた高月読社(天月弓社)にちなみ、高月という地名が起こり、やがて高槻へと転じた。開業時は高槻町駅だったが、高槻町の市制施行に伴い、現在の駅名へと改称された。

ひがしむこう HK 79
東向日

開業年月日 1928(昭和3)年11月1日

1日平均乗降客数 1万7412人

駅名由来 西向日駅と同様。もともとは東向日町駅だったが、向日町の市制施行に伴い、現在の駅名となる。

らくさいぐち HK 80
洛西口

開業年月日 2003(平成15)年3月16日

1日平均乗降客数 1万2363人

駅名由来 洛西ニュータウンの玄関口であることから、洛西口駅と命名された。洛西ニュータウンは京都初の大規模計画住宅団地で、1976（昭和51）年から入居がはじまった。

かつら HK 81
桂

開業年月日 1928(昭和3)年11月1日

1日平均乗降客数 5万0691人

駅名由来 地名に由来。古くは葛野(かつらの)と呼ばれ、それが桂へと転じたといわれる。風光明媚な地として知られ、平安時代には、桂一帯に貴族の別荘が営まれていた。17世紀初頭には桂離宮が造営されている。

にしやまてんのうざん HK 76
西山天王山

開業年月日 2013(平成25)年12月21日

1日平均乗降客数 6538人

駅名由来 長岡京市の西山地域に位置し、標高約270メートルの天王山の最寄りであることから命名される。京都縦貫自動車道に設置された高速バスの停留所と直結しており、交通の結節点となっている。

ながおかてんじん HK 77
長岡天神

開業年月日 1928(昭和3)年11月1日

1日平均乗降客数 2万8317人

駅名由来 駅近くに鎮座する長岡天満宮が由来。平安時代、一帯は菅原道真の所領だったといい、道真の死後、道真自作の木造を祀ったのが、神社の創始だという。

にしむこう HK 78
西向日

開業年月日 1928(昭和3)年11月1日

1日平均乗降客数 1万2160人

駅名由来 地名に由来。向日という地名は、向日市の西側に鎮座する向日神社にちなむ。もともとは西向日町駅だったが、向日町の市制施行に伴い、現在の駅名へと改称された。向日神社は718(養老2)年に創建された古社。

からすま 烏丸 HK 85

開業年月日 1963(昭和38)年6月17日

1日平均乗降客数 8万5039人

駅名由来 地名に由来。河原洲に形成された間(場所)ということで「かわらすま」と呼ばれるようになり、それが「からすま」へと転じたという。

かわらまち 河原町 HK 86

開業年月日 1963(昭和38)年6月17日

1日平均乗降客数 6万9676人

駅名由来 地名に由来。16世紀末、豊臣秀吉による京都の土地改造が行なわれた際、鴨川の河原に町並みが形成されたことから、河原町と呼ばれるようになった。

くにじま 柴島 HK 87

開業年月日 1925(大正14)年10月15日

1日平均乗降客数 4562人

駅名由来 地名に由来。柴島という地名の由来について、「茎島(くきじま)がなまって「くにじま」となった、もともと「国島」だったが、いつしか「柴」という漢字があてられるようになったなど、諸説唱えられている。

にしきょうごく 西京極 HK 82

開業年月日 1928(昭和3)年11月1日

1日平均乗降客数 2万1035人

駅名由来 地名に由来。平安時代、同じ場所ではないものの、比較的近くが平安京の西端であり、南北に西京極大路が延びていた。西京極大路は現存しないが、周辺地名としてかつての歴史をいまに伝えている。

さいいん 西院 HK 83

開業年月日 1928(昭和3)年11月1日

1日平均乗降客数 4万1936人

駅名由来 地名に由来。平安時代に淳和天皇の離宮・西院があったことにちなむ。開業時は京都西院駅だったが、京阪京都駅(現・大宮駅)までの延伸に伴い、現在の駅名となった。

おおみや 大宮 HK 84

開業年月日 1931(昭和6)年3月31日

1日平均乗降客数 2万8181人

駅名由来 地名に由来。開業時は京阪京都駅。京阪神京都駅を経て、現在の駅名となる。大宮は、平安時代の大宮大路にちなむ。一条大路から二条大路にかけて、平安京の大内裏の東側を通ったことからその名がついたという。

かんだいまえ 関大前 HK 91

開業年月日 1964(昭和39)年4月10日

1日平均乗降客数 3万5272人

駅名由来 駅最寄りの関西大学千里山キャンパスに由来。かつては花壇前駅(千里山遊園駅、千里山厚生園駅、千里山遊園駅、女子学院前駅、花壇町駅と駅名が変遷)と大学前駅があり、それら2駅が統合されて開業した。

せんりやま 千里山 HK 92

開業年月日 1921(大正10)年10月26日

1日平均乗降客数 1万5906人

駅名由来 地名に由来。かつて一帯は寝山と呼ばれていたが、その広大な丘陵の様子から、江戸時代には千里山と呼ばれるようになった。明治時代には千里村が誕生。昭和に入り、千里山という地名が生まれた。

みなみせんり 南千里 HK 93

開業年月日 1963(昭和38)年8月29日

1日平均乗降客数 2万3240人

駅名由来 地名に由来。開業当初は新千里山駅だったが、千里線の北千里駅までの延伸に伴い、現在の駅名に改称された。

しもしんじょう 下新庄 HK 88

開業年月日 1921(大正10)年4月1日

1日平均乗降客数 8791人

駅名由来 地名に由来。新庄の由来については上新庄駅の項目参照。もとは上新庄村と一村であったが、1700年頃に分村。明治時代には合併と分村を繰り返したが、結局、両村は分離し、いまに至る。

すいた 吹田 HK 89

開業年月日 1964(昭和39)年4月10日

1日平均乗降客数 1万6906人

駅名由来 地名に由来。もともとは次田(すきた)だったが、いつしか(すいた)と読まれるようになり、吹田の字があてられるようになったという(172ページ参照)。

とよつ 豊津 HK 90

開業年月日 1921(大正10)年4月1日

1日平均乗降客数 1万3806人

駅名由来 地名に由来。榎坂村と垂水村が合併した際、榎坂村に「豊」、垂水村に「津」と呼ばれるところがあり、それらを合わせて豊津村という村名が誕生した。

まつおたいしゃ 松尾大社 HK 97

開業年月日 1928(昭和3)年11月9日

1日平均乗降客数 5683人

駅名由来 駅近くに鎮座する松尾大社にちなむ。駅開業時は松尾神社前駅だったが、松尾駅を経て、現在の駅名へと改称された。

あらしやま 嵐山 HK 98

開業年月日 1928(昭和3)年11月9日

1日平均乗降客数 9008人

駅名由来 標高約381.5メートルの嵐山に由来。古来、一帯は葛野川の氾濫で荒れ果て、「歌荒樔田(うたあらすだ)」と呼ばれた。そんな「荒樔(荒れ果てた)にある山」ということで、嵐山なる名がつけられたという。

てんじんばしすじろくちょうめ 天神橋筋六丁目 K 11

開業年月日 1925(大正14)年10月15日

1日平均乗降客数 1万7169人

駅名由来 地名に由来。開業時は天神橋駅だったが、のち現在の駅名へと改称された。天神橋という名称は、大阪天満宮にちなむ。もともと「天神橋筋」という地名だったが、区画整理後、「天神橋」という住居表示となった。

やまだ 山田 HK 94

開業年月日 1973(昭和48)年11月23日

1日平均乗降客数 2万4435人

駅名由来 地名にちなむ。古代、垂仁天皇の皇女・倭姫命(やまとひめのみこと)が天照大御神の託宣に従い、よりよき宮処を求めて諸国を遍歴した際、千里丘陵を「山田ヶ原」と呼んだ。これが山田という地名の由来だという。

きたせんり 北千里 HK 95

開業年月日 1967(昭和42)年3月1日

1日平均乗降客数 3万230人

駅名由来 千里ニュータウンの北の玄関口であることから、北千里駅と命名された。大阪府が千里ニュータウン東北部エリアにまで路線を延伸してくれるよう阪急に要請し、実現した。

かみかつら 上桂 HK 96

開業年月日 1928(昭和3)年11月9日

1日平均乗降客数 8967人

駅名由来 地名に由来。桂という地名の由来については、桂駅の項目を参照。

【取材協力】

大阪市／高槻市／吹田市／宝塚市／服部天神宮

【おもな参考文献】

『75年のあゆみ　記述編』、『キタ・ミナミの比較分析研究　概要版』、『キタ・ミナミの比較分析研究』、『１００年のあゆみ　通史』、『１００年のあゆみ　部門史』、『阪急ステーション』、『阪急電車駅めぐり』、『阪急沿線歴史散歩』『阪急沿線歴史散歩　続編』熊野紀一（以上、阪急阪神ホールディングス）／『阪急文化　第八号』（阪急文化財団）／『阪神電気鉄道百年史』（阪神電気鉄道）／『大阪市交通局百年史（本編）』、『大阪市地下鉄建設五十年史』（以上、大阪市交通局）／『大阪駅の歴史』西日本旅客鉄道株式会社監修、大阪ターミナルビル株式会社駅史編集委員会（大阪ターミナルビル）／『宝塚歌劇の60年』（宝塚歌劇団出版部）／『東宝五十年史』（東宝株式会社）／『高槻市史』（高槻市）／『新修大阪市史　第六巻』（大阪市）／『吹田市史　第一巻』（吹田市）／『宝塚市史　第三巻』、『宝塚市大事典』（以上、宝塚市）／『あなたの知らない大阪「駅」の謎』米屋こうじ（洋泉社）／『ふしぎな国道』佐藤健太郎、『関西鉄道遺産』小野田滋、『阪急・東宝グループの超ノウハウ』森彰英、『ヒット商品　ネーミングの秘密』秋場良宣、竹間忠夫（以上、講談社）／『角川日本地名大辞典　26　京都府上巻』、『角川日本地名大辞典　27　大阪府』、『角川日本地名大辞典　28　兵庫県』（以上、角川書店）／『月刊ＢＯＳＳ　２０１７年3月号』（経営塾）／『週刊ダイヤモンド　２０１５年６／27号』（ダイヤモンド社）／『関西鉄道考古学探見』辻良樹、『阪急電車』山口益生、『鉄道未成線を歩く　私鉄編』森口誠之、『大阪・京都・神戸　私鉄駅物語』高山禮蔵（以上、ＪＴＢパブリッシング）／『国道者』佐藤健太郎（新潮社）／『阪急』阪急電鉄株式会社、諸河久、『大阪市営地下鉄』赤松義夫、諸河久（以上、保育社）／『阪急沿線謎解き散歩』私鉄沿線散歩の会編（新人物往来社）／『阪急京都線・千里線』生田誠、『阪急神戸線』『阪急宝塚線・能勢電鉄』山下ルミコ（以上、彩流社）／『阪急電鉄のひみつ』ＰＨＰ研究所編（以上、ＰＨＰ研究所）／『阪急電鉄神戸線・伊丹線・今津線・甲陽線・神戸高速線　１９５０〜１９９０年代の記録』、『阪急電鉄宝塚線・箕面線・京都線・千里線・嵐山線・能勢電鉄　１９５０〜１９８０年代の記録』生田誠（以上、アルファベータブックス）／『阪神国道電車』神戸鉄道大好き会編著（トンボ出版）／

『寺内町の研究第1巻　戦国社会と寺内町』峰岸純夫、脇田修監修（法藏館）／『週刊歴史でめぐる鉄道全路線 no.11　大手私鉄　阪急電鉄1』、『週刊歴史でめぐる鉄道全路線 no.12　大手私鉄　阪神電気鉄道／阪急電鉄2』、『週刊歴史でめぐる鉄道全路線　路線別地図帳 NO. 2　近畿』（以上、朝日新聞出版）／『神戸・阪神「名所」の旅』大国正美、『まちの大発見・小発見　神戸雑学100選』金治勉、先崎仁編著、『外国人居留地と神戸　神戸開港150年によせて』田井玲子（以上、神戸新聞総合出版センター）／『大阪の橋』松村博（松籟社）／『大阪の橋ものがたり』伊藤純、橋爪節也ほか、『最新　大阪ものしり事典』創元社編集部編、『続・大阪古地図むかし案内　明治～昭和初期編』本渡章（以上、創元社）／『大阪古地図物語』原田伴彦、矢守一彦ほか（毎日新聞社）／『大阪人　vol.65』、『大阪人　vol.66』（以上、大阪市都市工学情報センター）／『大阪地下街本』（ぴあ）／『日本歴史地名大系　第27巻　京都府の地名』、『日本歴史地名大系　第28巻　大阪府の地名』『日本歴史地名大系　第29巻　兵庫県の地名』（以上、平凡社）／『鉄道ジャーナル　NO.593』（成美堂出版）／『鉄道ピクトリアル　NO.837』、『鉄道ピクトリアル　NO.901』、『鉄道ピクトリアル　NO.916』、『鉄道ピクトリアル　NO.930』（以上、電気車研究会）／『図説幕末戊辰西南戦争』、『図説私鉄全史』（以上、学習研究社）／『ライフスタイルと都市文化　阪神間モダニズムの光と影』阪急沿線都市研究会編、『森琴石と歩く大阪　明治の市内名所案内』熊田司、伊藤純編、『戦前大阪の鉄道とデパート　都市交通による沿線培養の研究』谷内正往（以上、東方出版）／『関西の私鉄』朝日新聞大阪本社社会部（清文堂）／『京都の地名を歩く』吉田金彦、『掘り出された京都』京都市埋蔵文化財研究所編著（以上、京都新聞出版センター）／『京都の歴史がわかる事典』五島邦治編（日本実業出版社）／『郷土史事典　大阪府』林利喜雄編（昌平社）／『阪急電車青春物語』橋本雅夫（草思社）／『上方風俗　大阪の名所図会を読む』宗政五十緒編（東京堂出版）／『秦氏とその民　渡来氏族の実像』加藤謙吉（白水社）／『大阪淀川探訪　絵図でよみとく文化と景観』西野由紀、鈴木康久編（人文書院）／『謎の渡来人　秦氏』水谷千秋（文藝春秋）／『幕末歴史散歩　京阪神篇』一坂太郎（中央公論新社）／『兵庫県の歴史散歩　上　神戸・阪神・淡路』兵庫県の歴史散歩編集委員会編（山川出版社）
京都新聞／朝日新聞／日本経済新聞／伏見経済新聞

監　修　**天野太郎**（あまの たろう）

兵庫県生まれ。京都大学大学院人間・環境学研究科博士前期・後期課程、および同研究科助手を経て、現在は同志社女子大学教授。地理学、観光学、地域開発について研究。おもな共著に『大学的京都ガイド』（昭和堂）、『平安京とその時代』（思文閣出版）、『日本と世界のすがた』（帝国書院）など。監修として『阪急沿線の不思議と謎』『南海沿線の不思議と謎』『近鉄沿線の不思議と謎』『京阪沿線の不思議と謎』『イラストで見る200年前の京都』（小社刊）、『古地図で歩く古都・京都』（三栄書房）がある。

※本書は書き下ろしオリジナルです。

じっぴコンパクト新書　326

JIPPI Compact

阪急沿線《はんきゅうえんせん》ディープなふしぎ発見《はっけん》

2017年7月18日　初版第1刷発行

監修者………………天野太郎
発行者………………岩野裕一
発行所………………株式会社実業之日本社
〒153-0044 東京都目黒区大橋1-5-1 クロスエアタワー8階
電話（編集）03-6809-0452
（販売）03-6809-0495
http://www.j-n.co.jp/
印刷・製本…………大日本印刷株式会社

ISBN978-4-408-33717-3（第一趣味）